智能网联汽车
底盘线控执行系统测试与调试

主　编　和豪涛　魏　玲

副主编　王　培　何国红

参　编　朱若岭　王　晨

机械工业出版社

本书紧密结合当前智能网联汽车底盘线控技术及其应用的发展，循序渐进、深入浅出地阐述了底盘线控系统这个复杂的技术体系，首先进行底盘线控系统认知，然后分别介绍线控转向、线控制动、线控驱动、线控悬架系统的结构、工作原理和特点等，并为其中的线控转向系统、线控制动系统、线控驱动系统安排了实训任务，包括组装、拆装、调试以及故障检修。

本书主要内容包括智能网联汽车底盘线控系统概述、智能网联汽车线控转向系统装调与检修、智能网联汽车线控制动系统装调与检修、智能网联汽车线控驱动系统装调与检修、智能网联汽车悬架系统安装与检修。

本书可作为职业院校、技工院校及应用型本科智能网联汽车相关专业的教材，也可作为相关机构、企业进行技术培训的参考资料。

图书在版编目（CIP）数据

智能网联汽车底盘线控执行系统测试与调试 / 和豪涛，魏玲主编. -- 北京 : 机械工业出版社，2025. 2.
ISBN 978-7-111-77835-6

Ⅰ. U463.67

中国国家版本馆CIP数据核字第2025LN5314号

机械工业出版社（北京市百万庄大街22号　邮政编码100037）
策划编辑：师　哲　　　　责任编辑：师　哲
责任校对：丁梦卓　张　征　　封面设计：张　静
责任印制：任维东
河北宝昌佳彩印刷有限公司印刷
2025年5月第1版第1次印刷
210mm×285mm・11.5印张・324千字
标准书号：ISBN 978-7-111-77835-6
定价：49.80元

电话服务　　　　　　　　网络服务
客服电话：010-88361066　　机　工　官　网：www.cmpbook.com
　　　　　010-88379833　　机　工　官　博：weibo.com/cmp1952
　　　　　010-68326294　　金　书　网：www.golden-book.com
封底无防伪标均为盗版　　机工教育服务网：www.cmpedu.com

前 言

以新时代汽车产业"智能化、网联化、电动化、共享化"的发展方向为引领，汽车正逐渐成为一个移动的智能化设备。智能汽车的终极目标是无人驾驶，而要实现无人驾驶，线控技术就是智能汽车的关键技术之一。

底盘线控技术涉及机械、液压、电子控制和通信等多个领域，涵盖技术范围广，学科交叉性强。加强底盘线控技术的理论学习与技能训练，规范测试装调作业流程，对提升智能网联汽车产业从业人员专业素养具有重要意义。

本书共5个项目，计12个任务。每个项目基本按照知识理论学习、部件拆装调试到故障诊断与排除的顺序进行学习。每个任务包括任务目标、任务描述、知识链接、任务实施和任务评价5个环节，有的任务辅以知识拓展丰富课堂教学，全书以项目为依托，重点培养学生在底盘线控领域完成相应工作岗位任务的能力。

本书具有以下特点：

1）采用项目式编写体例，通过任务驱动，达成学习目标。每个项目都对应有相关的任务，且配备对应的任务实施，可操作性强。

2）以就业为导向，以职业能力培养为核心，注重学生实践应用能力的培养和技能的提升，使学生的培养过程实现"理实一体"，致力于培养高素质的智能网联技术技能人才。

本书由河南交通职业技术学院和豪涛与郑州宇通集团有限公司魏玲担任主编，具体编写分工如下：河南交通职业技术学院王晨编写项目一，河南交通职业技术学院朱若岭编写项目二，河南交通职业技术学院和豪涛编写项目三，河南交通职业技术学院王培编写项目四，郑州宇通集团有限公司魏玲编写项目五中的任务一，河南交通职业技术学院何国红编写项目五中的任务二。

河南交通职业技术学院杨长征审阅了本书并提出了许多宝贵的意见；同时，在本书编写过程中，编者得到了众多院校同仁、企业专家的热心帮助和指导，并参考查阅了许多专家学者在国内外公开出版或发表的文献资料；郑州宇通集团有限公司为编者提供了丰富的参考资料，在此向相关人员一并表示感谢。

由于智能网联技术处于发展阶段，且编者水平有限，书中难免存在一些不足之处，恳请广大读者提出宝贵的意见和建议。

编 者

二维码清单

名　称	图形	名　称	图形
底盘线控技术的优点		底盘线控系统	
底盘线控技术在智能泊车中的应用		CAN 总线数据帧的结构	
CAN 总线报文类型		CAN 数据总线系统（理论）	
CAN 数据总线系统故障分析（理论）		CAN 数据总线系统的诊断（实操）	
底盘 CAN 总线终端电阻测试		CAN 总线电压	
车门模块及诊断方法（理论）		车门模块及诊断方法	
转向盘的工作原理		线控转向系统的结构	
转矩传感器		转角传感器	

（续）

名　称	图　形	名　称	图　形
齿轮齿条式转向器的工作原理		转向器的类型	
电动助力转向器的认识		启动 CANtest 解析线控转向报文	
测试线控转向系统工作电流		制动系统	
电子液压制动系统的工作原理		电子机械制动系统的工作原理	
博世 iBooster 智能制动系统		奥迪线控制动	
车轮制动器的类型		ABS 介绍	
启动 CANtest 解析线控制动报文		盘式制动器制动盘的检查和更换	
驻车制动器的调整		真空助力器的就车检查	
可变电阻式加速踏板位置传感器的工作原理		驱动系统原理	

（续）

名 称	图 形	名 称	图 形
启动 CANtest 解析线控油门报文		汽车悬架系统的工作原理	
悬架的认识		汽车悬架系统	
前轮弹簧和减振器的检查与更换		空气悬架	
电磁悬架和空气悬架			

目 录

前言

项目一 智能网联汽车底盘线控系统概述 ······ 1

- 任务一 智能网联汽车底盘线控系统的认知 ······ 2
- 任务二 智能网联汽车线控系统工作原理的认知 ······ 9

项目二 智能网联汽车线控转向系统装调与检修 ······ 19

- 任务一 线控转向系统部件拆装 ······ 20
- 任务二 线控转向系统调试 ······ 35
- 任务三 线控转向系统故障处理 ······ 47

项目三 智能网联汽车线控制动系统装调与检修 ······ 61

- 任务一 智能网联汽车线控制动系统的部件拆装 ······ 63
- 任务二 智能网联汽车线控制动系统调试 ······ 89
- 任务三 智能网联汽车线控制动系统故障诊断与排除 ······ 102

项目四 智能网联汽车线控驱动系统装调与检修 ······ 115

- 任务一 智能网联汽车线控驱动系统安装与调试 ······ 116
- 任务二 智能网联汽车线控驱动系统故障诊断与排除 ······ 131

项目五 智能网联汽车悬架系统安装与检修 ······ 139

- 任务一 智能网联汽车悬架系统安装 ······ 140
- 任务二 汽车线控悬架系统检修 ······ 156

参考文献 ······ 175

项目一

智能网联汽车底盘线控系统概述

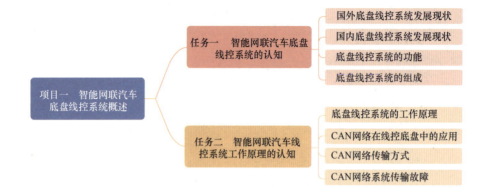

随着电子技术和信息技术的发展，汽车正朝着"电动化、智能化、网联化、共享化、轻量化"的趋势发展，线控技术在汽车上的应用越来越广泛。原有的一些笨重、精确度低的机械系统逐步被灵敏度高、精准性强的电子传感器和执行元件所代替。传统汽车的操纵机构、操纵方式、执行机构经过技术的融合创新呈现颠覆式变革。线控技术是未来汽车发展的关键技术之一。本项目主要介绍底盘线控技术的发展现状、车辆的控制技术和底盘线控系统的组成。

任务一 智能网联汽车底盘线控系统的认知

任务目标

▶ 知识目标
1. 了解国内外底盘线控系统的发展现状。
2. 掌握底盘线控系统的功能。
3. 掌握底盘线控系统的组成。

▶ 能力目标
1. 具有识别底盘线控系统类型的能力。
2. 具有识别底盘线控转向系统、制动系统、驱动系统各部件的能力。

▶ 素养目标
1. 培养良好的行为规范和职业道德。
2. 培养良好的团队意识。
3. 培养质量意识、安全意识、节能环保意识和规范操作等职业素养。

任务描述

某智能网联汽车企业的工作人员在给客户进行智能网联车辆的介绍。客户想了解智能网联汽车底盘系统与传统汽车底盘系统的区别有哪些。请结合车辆详细介绍线控系统的组成，让客户了解线控系统，并介绍智能网联汽车的发展历史和现状。

知识链接

一、国外底盘线控系统发展现状

20 世纪 50 年代，美国天合（TRW）公司最早提出用控制信号代替转向盘和转向轮之间的机械连接。20 世纪 60 年代末，德国 Kasselmann 公司试图用导线连接转向盘与转向轮，但受到当时电子技术和控制技术水平的限制，这种线控转向系统的构想一直无法在实车上实现。

直到 20 世纪 90 年代，线控转向技术的发展才有了较大进展，美国、欧洲和日本在线控转向的研发与推广方面比较活跃，一些采用线控系统的概念车陆续展出。德国奔驰公司于 1990 年开始了前轮线控转向系统的深入研究，并将其开发的线控转向系统安装于 F400Carving 概念车上。该车在转向、制动、悬架及车身控制方面均采用了线控技术。1998 年，采埃孚（ZF）公司在开发出电动助力转向系统（EPS）之后，积极开发研究了自己的线控转向系统（SBW），目前已经研发出整套的线控转向系统。1999 年，德国宝马汽车公司开发出了宝马 Z22 概念车，应用了线控转向和线控制动技术及线控换档技术。此外，德国戴姆勒 - 克莱斯勒（Daimler-Chrysler）公司开发出了电子驱动概念车 R129，该车取消了转向盘、加速踏板和制动踏板，完全采用操纵杆控制，实现了线控驱动技术。

2001 年，第 71 届日内瓦国际汽车展览会上，意大利博通（Bertone）汽车设计及开发公司展示了新型概念车 FILO。该车采用了线控驱动技术，所有的驾驶动作都通过信号传递，使用操纵杆进行转向操作，并采用了 42V 供电系统。

2002 年，美国通用汽车公司推出了氢燃料驱动 - 线传操纵的 Hy-wire 概念车和 Sequel 概念车。这些车的转向系统、制动系统和其他一些系统均采用了线控技术。

2003 年，日本丰田公司在纽约国际车展上展出了 Lexus-HPX 概念车。该车采用了线控转向系统，在仪表盘上集成了各种控制功能。

2007 年第 40 届东京车展上，日本精工株式会社展出了通过两个电动机的旋转力，直接驱动前轮转向拉杆的方式来操纵的"双连杆臂式线控转向系统（DPASS）"。该系统将精工株式会社开发的多传感轮毂单元与两个电动机组合使用。

2013 年，英菲尼迪的 Q50 成为第 1 款应用线控转向技术的量产车。该线控转向系统包括路感反馈总成、转向执行机构和 3 个电控单元（ECU）。其中，双转向电动机的电控单元互相实现备份，可保证系统的冗余性能，转向柱与转向器间的离合器能够在线控转向系统出现故障时自动接合，保证紧急工况下依然可实现对车辆转向的机械操纵。

2017 年，耐世特（Nexteer）公司开发了由"静默转向盘系统"和"随需转向系统"组成的线控转向系统，"静默转向盘系统"能够修正车辆自动转向过程中转向盘的颤动和回正带来的干扰，从而显著降低操作疲劳度，确保车辆安全平稳驾驶；在自动驾驶时，转向盘可保持静止，并能收缩至组合仪表上，从而提供更大的车内空间。"随需转向系统"可实现驾驶人人工控制和自动驾驶控制之间更安全、更直接的切换。

2019 年，博世线控转向系统亮相上海车展。博世线控转向系统取消了传统转向系统的中间轴连接，实现了上转向与下转向的非机械连接，将其结构分为转向盘执行机构和转向齿条执行机构。转向盘执行机构将驾驶人的转向意图通过传感器转换成数字信号传递给转向齿条执行机构。同时，根据不同的车速及驾驶工况提供模拟的转向盘力矩反馈，从而实现转向盘的回正，以及驾驶手感等功能。转向齿条执行机构从转向盘执行机构接收信号，并根据驾驶人的转向意图将转向盘角度信号转换成轮胎的转动。与此同时，博世线控转向采用全冗余的软、硬件方案，在保证安全的同时实现了令人印象深刻的转向盘手力反馈，为自动驾驶转向领域的未来提供了一种全新的方案。图 1-1 所示为国外线控底盘的发展历程。

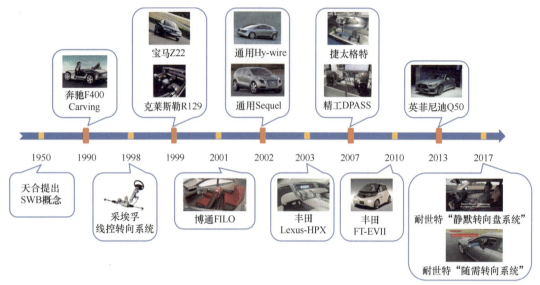

▲ 图 1-1　国外线控底盘的发展历程

二、国内底盘线控系统发展现状

我国企业对底盘线控的研究起步相对较晚，而我国各高校对底盘线控系统的研究相对较早，主要以理论为主。2004 年，同济大学在上海国际工业博览会上展示了配备线控转向系统的四轮独立驱动微型电动汽车春晖三号（图 1-2）。该车是国内首辆采用线控转向技术的电动汽车，是国内线控转向系统领域的一个突破。2009 年，吉林大学汽车仿真与控制国家重点实验室在企业的资助下，开发了线控转向试验车。2010 年第 25 届世界电动车展览会上，吉林大学汽车仿真与控制国家重点实验室展出了基于轮毂电动机的全线控电动概念车，如图 1-3 所示。

▲ 图 1-2　春晖三号

▲ 图 1-3　全线控电动概念车

目前，国内涌现出一批专业开发底盘线控产品的企业，如上海拿森汽车电子有限公司、上海同驭汽车科技有限公司等，还有一些传统汽车底盘制动或转向公司实现业务转型，开发线控产品，如芜湖伯特利汽车安全系统股份有限公司、广州瑞立科密汽车电子股份有限公司、株洲易力达机电有限公司、豫北转向系统（新乡）股份有限公司等。

2019 年 12 月，上海拿森汽车电子有限公司与北京新能源汽车股份有限公司达成战略合作协议，双方在底盘线控技术产品上展开深度合作，EC 系列、EU 系列等多款量产车型都搭载着 NBooster 系统，并可自由搭配电子稳定控制系统（ESC）、电动助力转向系统、线控转向系统。NBooster 线控制动系统可实现 99.99% 制动能量回收，极大提高了电动汽车的续驶里程，降低了新能源车能耗。除了北京新能源汽车股份有限公司，上海拿森汽车电子有限公司还与比亚迪、长安、江铃福特等公司开展了合作项目，其线控技术也应用在这些车企的部分车型上，截至 2020 年年底，拿森 NBooster 系统已实现累计供货 10 万套。

截至 2024 年 12 月，上海同驭汽车科技有限公司智能制动系列产品涵盖 EHB、EPB、ABS 及 ESC，适用于 A0 级到 C 级乘用车，同时与东风日产、吉利、江淮、江铃等数十家乘用车企业达成合作，与比亚迪、长安、奇瑞、北汽等企业深度对接。通过定制方案全方位满足乘用车高等级智能驾驶需求，为智慧出行服务。

三、底盘线控系统的组成

底盘线控系统包括线控转向系统、线控制动系统、线控驱动系统以及线控悬架系统。图 1-4 所示为底盘线控系统的 4 个主要组成系统。

▲ 图 1-4　底盘线控系统的组成

1. 线控转向系统的组成

线控转向系统由转向操作模块、转向执行模块和电控单元 3 个主要部分，以及自动防故障系统、电源等辅助模块组成，如图 1-5 所示。

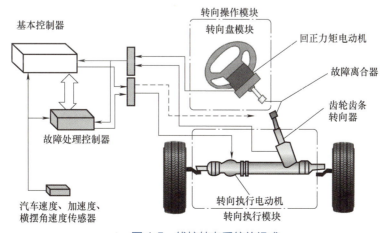

▲ 图 1-5　线控转向系统的组成

2. 线控制动系统的组成

线控制动系统主要由制动踏板、制动踏板位置传感器、电控单元及执行器等构成，如图 1-6 所示。

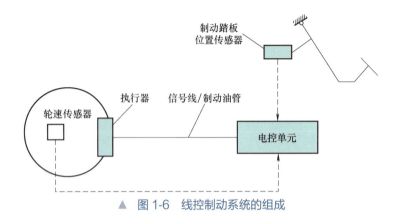

▲ 图 1-6 线控制动系统的组成

3. 线控驱动系统的组成

线控驱动系统主要由加速踏板、加速踏板位移传感器、档位选择单元、驱动电机控制单元（MCU）和驱动电机等组成，如图 1-7 所示。

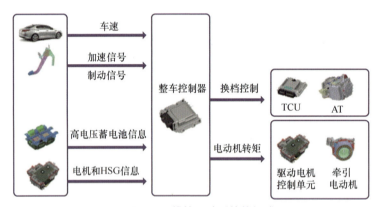

▲ 图 1-7 线控驱动系统的组成

4. 线控悬架系统的组成

线控悬架系统主要由模式选择开关、传感器、电控单元和执行器组成，如图 1-8 所示。

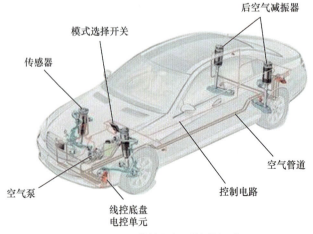

▲ 图 1-8 线控悬架系统的组成

四、底盘线控系统的功能

如果把汽车比作人,那么底盘系统就是手和脚,用来做控制执行,是汽车的核心部件。对于智能网联汽车,底盘系统的加减速响应时效、转向灵活性等功能直接影响自动驾驶的实现结果。

如图 1-9 所示,要实现自动驾驶,首先要依赖环境感知传感器(包括摄像头、激光雷达、毫米波雷达和超声波雷达等)对道路周边环境信息进行采集。采集的数据被传输到计算平台进行计算,用来识别车辆周边障碍物和可行驶区域,进行路线规划和控制,最后产生转向盘转角、制动压力、车速和档位等控制信息,通过整车控制器(VCU)传输到底盘系统,底盘系统按照指令进行精确执行。使得底盘线控系统的响应更快、执行精度更高。而且,在自动驾驶过程中,汽车需要大量的、精确的底盘系统信号来感知车辆状态,保证自动驾驶的安全性、稳定性和操纵性。这样底盘线控系统即可根据指令即时地控制底盘执行机构做出相应动作,还可随时监测车辆的运行状态,即时反馈给汽车,从而成为智能网联汽车的标准配置。

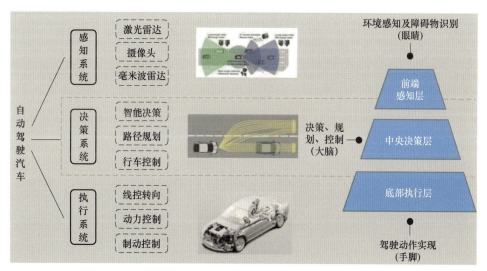

▲ 图 1-9 底盘线控系统架构

任务实施

一、实施准备

智能终端、白板纸、签字笔、无线网络。

二、理解智能网联汽车底盘线控系统发展现状

利用智能终端,通过网络自主查询主流智能网联汽车底盘线控技术特点并完成下表的填写。

车　　型	线控转向类型	线控制动类型	线控驱动类型

三、识别线控底盘部件名称

将下表中线控转向系统、线控驱动系统、线控制动系统的部件名称写在便利贴上，并对应贴到整车相应部位上。

系　　统	部　件　名　称
线控转向系统	转向盘总成、转向器、转向助力电动机、转向控制单元
线控驱动系统	驱动电机、电机控制器、动力蓄电池、加速踏板
线控制动系统	制动控制单元、制动执行器、轮速传感器、制动踏板

任务评价

基本信息	姓名		学号		班级		组别	
	角色							
	规定时间		完成时间		考核日期		总评成绩	
考核内容	序号	步骤		完成情况		标准分		评分
				完成	未完成			
	1	了解国外底盘线控系统发展现状						
	2	阐述国内底盘线控系统发展现状						
	3	阐述底盘线控系统的功能						
	4	阐述底盘线控系统的组成						
7S管理（整理、整顿、清扫、清洁、素养、安全、节约）								
团队协作								
沟通表达								
工单填写								
教师评语								

任务二　智能网联汽车线控系统工作原理的认知

任务目标

➤ 知识目标

1. 掌握线控转向系统的工作原理。
2. 掌握线控制动系统的工作原理。
3. 掌握线控驱动系统的工作原理。
4. 掌握线控悬架系统的工作原理。

➤ 能力目标

1. 具有识别线控系统 CAN 通信协议的能力。
2. 具有诊断线控系统 CAN 网络系统故障的能力。

➤ 素养目标

1. 培养良好的行为规范和职业道德。
2. 培养良好的团队意识和沟通交流能力。
3. 培养质量意识、安全意识、节能环保意识和规范操作等职业素养。

任务描述

某自动驾驶车辆能够上电，但是上电后车轮不能进行自检。请通过测试确定其故障范围。

知识链接

在自动驾驶模式下，底盘线控系统的工作原理如图 1-10 所示。计算平台接收各环境感知传感器发送的数据，并对数据进行计算后，通过 CAN 总线发送给整车控制器，整车控制器对计算平台发送的数据再次分析处理，通过 CAN 总线发送给底盘线控系统，进而实现对汽车转向、制动和速度等的控制。

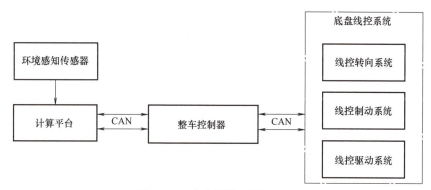

▲ 图 1-10　底盘线控系统的工作原理

底盘线控系统上主要的控制单元包括转向系统电控单元、制动系统电控单元和驱动电机控制单元，如图 1-11 所示。这些控制单元通过 CAN 总线与整车控制器进行通信，实现智能网联汽车的转向、制动、速度和档位等底盘控制。

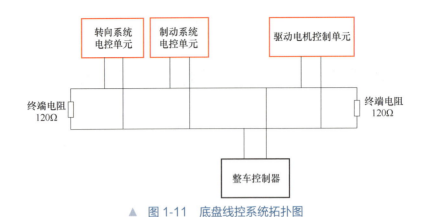

▲ 图 1-11 底盘线控系统拓扑图

一、底盘线控系统的工作原理

1. 线控转向系统的工作原理

在人工驾驶模式下,当转向盘转动时,转矩转角传感器将测量到的转向盘转矩和转向盘转角转变成电信号输入转向系统电控单元,转向系统电控单元控制转向电动机的旋转方向、转矩大小和旋转角度,使汽车沿着驾驶人驾驶的轨迹行驶。

在自动驾驶模式下,计算平台将转向意图发送给整车控制器,整车控制器计算转向盘旋转方向和旋转角度等并发送给转向系统电控单元,转向系统电控单元控制转向电动机的旋转方向、转矩大小和旋转角度,使汽车沿着预设的轨迹行驶。

2. 线控制动系统的工作原理

在人工驾驶模式下,线控制动系统的工作原理是制动踏板传感器接收驾驶人操纵制动踏板的信息,制动系统电控单元制订制动方案,以达到最短制动距离,然后以电信号形式传递到制动执行单元,实现汽车制动。

在自动驾驶模式下,线控制动系统的工作原理是,计算平台将制动意图发送到整车控制器,整车控制器计算制动行程和制动压力等并发送给制动系统电控单元,制动系统电控单元控制制动执行机构,实现汽车制动。

3. 线控驱动系统的工作原理

在人工驾驶模式下,线控驱动系统的工作原理是,驾驶人操纵加速踏板,加速踏板位置传感器将踏板的位置转化为电信号传送至汽车的整车控制器,整车控制器通过车载网络传递至驱动电机控制单元,驱动电机控制单元将收集到的相关传感器信号进行处理后据此控制驱动电机的转向和转速,使汽车沿着期望的方向和速度行驶。

在自动驾驶模式下,线控驱动系统的工作原理是,计算平台将加减速和换档等驱动意图发送给整车控制器,整车控制器计算车速和档位等,再发送给驱动电机控制单元,驱动电机控制单元驱动电机,使汽车沿着预设的方向和速度行驶。

底盘线控系统具有以下特征:

1)线控消除了机械连接冲击的传递,可以降低噪声和振动,提高了驾驶的舒适性。

2)采用线控省去大量机械和管路系统及部件,导线更容易布置,使汽车的结构更加合理,并且有助于轻量化。

3)线控技术通过电控单元控制,使动作响应时间缩短,且能对人工驾驶时驾驶人的动作和执行元件的动作进行实时监控,并进行修正,使操控更加精准,提高了系统性能。

4）线控技术使整个系统的制造、装配和测试更为简单快捷，同时采用模块化结构，维护简单，适应性好、系统耐久性能良好，略加变化即可增设各种电控制功能。

5）使用线控制动无须制动液，使汽车更为环保，无须另加维护。

6）汽车线控技术的应用便于实现个性化设计。对于驾驶特性（如制动、转向、加速等过程），可根据用户选择设计不同的程序。

4. 线控悬架系统的工作原理

线控悬架系统是一种新型的汽车悬架系统，采用电子控制技术，能够实现快速、准确地调节汽车悬架的硬度和高度，提高汽车的行驶稳定性和舒适性。其工作原理如下：

（1）传感器采集数据　线控悬架系统采用多个传感器来采集汽车的姿态、速度和加速度等数据，这些数据将被用于计算和调节悬架的硬度和高度。

（2）控制器计算数据　传感器采集的数据将被发送到控制器，控制器会利用这些数据计算出悬架的硬度和高度应该如何调节，以满足驾驶人的需要。

（3）电磁阀控制油压　控制器将计算出的数据发送给电磁阀，电磁阀根据控制器的指令控制悬架的油压，从而实现悬架的硬度和高度的调节。

（4）调节悬架硬度　当汽车行驶在坑洼路面或高速公路上时，控制器会调节悬架的硬度，使汽车更加稳定。当汽车在赛道上行驶时，控制器会调节悬架的硬度，以提高汽车的操控性和加速性能。

（5）调节悬架高度　当汽车行驶在不同的路面上时，控制器会调节悬架的高度，以保持汽车的稳定性。当汽车通过水洼或不平的路面时，控制器会调节悬架的高度，以避免汽车底盘受到损坏。

（6）调节悬架弹性　线控悬架系统可以根据驾驶人的需要调节悬架的弹性，使汽车乘坐更加舒适。当驾驶人在高速公路上行驶时，可以选择较硬的悬架设置，以提高汽车的稳定性；当驾驶人在城市里行驶时，可以选择较软的悬架设置，以提高汽车的舒适性。

二、CAN 网络在线控底盘中的应用

随着汽车电动化、智能化和网联化的发展，汽车上的传感器越来越多，达到成百上千，而且汽车上的传感器和道路基础设施上的传感器也要互联互通，这样智能网联汽车就变成一个庞大的网络系统。因此，对于智能网联汽车来说，主要包括 3 种网络，即以车内总线通信为基础的车内网络，也称为车载网络；以短距离通信为基础的车载自组织网络；以远距离通信为基础的车载移动互联网络。车载网络就是基于 CAN 总线等总线技术建立的标准化整车网络，实现车内各电器、电子单元间的状态信息和控制信号在车内网上的传输，使车辆具有状态感知、故障诊断和智能控制等功能。CAN 总线是指控制器局域网络，它是一种高效、可靠的数据通信系统。在汽车行业中，CAN 总线作为一种主流的数据传输方式，在车辆电控系统中得到了广泛的应用。CAN 总线可以连接各种传感器、执行器和汽车控制单元，这一点尤其适用于汽车线控底盘系统。

三、CAN 网络传输方式

各局域网控制器通过控制/监测 CAN-H 和 CAN-L 两根导线的电压差，来实现数据的发送和接收。目前，量产汽车上采用双绞线实现 CAN 通信，如图 1-12 所示。

CAN-BUS 数据元件由控制器、收发器、数据传输线和数据传输终端电阻组成，如图 1-13 所示。高频信号传输时，信号波长较短，信号在传输线终端会形成放射波，干扰原信号，所以需要在传输线末端加终端电阻，使信号到达传输线末端后不放射。对于低频信号则不用。CAN 波形的下降沿 CAN 收发器是没有驱动的，靠总线节点和终端电阻等负载驱动。所以，它主要的作用就是提高传输稳定性，抗干扰。

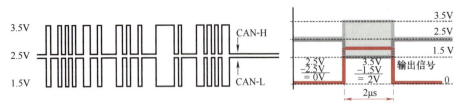

▲ 图 1-12 CAN 网络传输方式

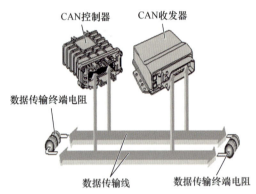

▲ 图 1-13 CAN-BUS 数据元件的组成

四、CAN 网络系统传输故障

1. 网络传输故障现象

网络传输故障现象有以下几个：

1）整个网络失效或多个控制单元不工作或工作不正常。

2）在不同的系统、不同的地方同时出现不同的多个故障。

3）个别控制单元或多个控制单元无法与诊断仪通信。

网络的故障分析如图 1-14 所示。

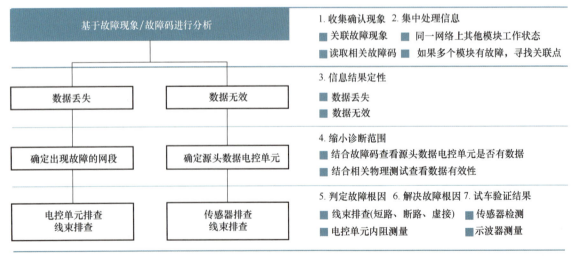

▲ 图 1-14 网络的故障分析

2. CAN 网络传输故障原因

网络传输故障原因有以下几个：

1）供电电源或搭铁不正常，导致网络出现暂停工作，从而造成通信传输故障。

2）控制单元故障，也是 CAN 通信网络的节点控制故障，造成通信传输故障。

3）通信传输的电路故障，通信的双绞线出现断路、短路（线间、对地、对电源）以及双铰线电缆距离过长导致信号错误、失真、衰减，都将会导致通信故障。

3. CAN 网络故障诊断方法

网络故障诊断常用的方法有网络电压测量、终端电阻测量和网络波形分析等。

（1）测量 CAN 网络电压　在网络正常状态测量通信线电压：万用表电压档测量 CAN-L 与信号地、CAN-H 与信号地之间的电压，见表 1-1。

表 1-1　网络正常状态测量通信线电压

	CANFD（2M）		高速 CAN（500K）		中速 CAN（250K）		低速 CAN（125K）	
	CAN-H	CAN-L	CAN-H	CAN-L	CAN-H	CAN-L	CAN-H	CAN-L
隐性电压（逻辑 1）	2.5V	2.5V	2.5V	2.5V	2.5V	2.5V	0	5V
显性电压（逻辑 0）	3.5V	1.5V	3.5V	1.5V	3.5V	1.5V	4V	1V

注：使用万用表测量通信电压时，测量数据接近隐性电压值

有效模式：

CAN-L 与信号地，实际测量为 2.3V 左右。

CAN-H 与信号地，实际测量为 2.7V 左右。

失效模式：

电压值为 0，说明与地线短路。电压值大于 5V，说明与电源短路。

电压值相等，说明线间短路。

（2）在断电情况下测量 CAN 线终端电阻

标准值：120Ω。

车辆下电，断开蓄电池电源 5min，直到所有的用电设备充分放电。

单个终端电阻为 120Ω。利用万用表测量时，测量电阻值实际上是两端电阻并联后的电阻值，CAN-L 线与 CAN-H 线之间的电阻值约为 60Ω。

将数字万用表打到 200Ω 电阻档，测量车辆标准诊断接口的 CAN-L 线与 CAN-H 线之间的电阻值，测量数值为 60Ω，如图 1-15 所示。

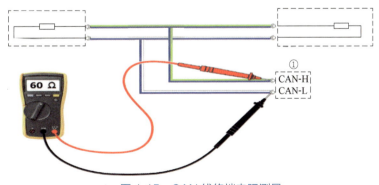

▲ 图 1-15　CAN 线终端电阻测量

将一个带有终端电阻的控制单元拔下，检测总的电阻值是否发生变化。

把该控制单元插好，再将第 2 个带有终端电阻的控制单元拔下，检测总的电阻值是否发生变化。

（3）测量CAN网络波形　CAN网络有CAN-H和CAN-L短路、CAN-H对正极短路、CAN-H对地短路、CAN-H断路、CAN-L对正极短路、CAN-L对地短路、CAN-L断路共7种网络故障。

CAN是由两根双绞线组成的，两根线电压相加约为5V，如图1-16所示。舒适CAN-H有单线模式，CAN-L对负极短路不影响工作，但是检测设备会有故障码。驱动CAN没有单线模式，所以任何一根线损坏都不可以。

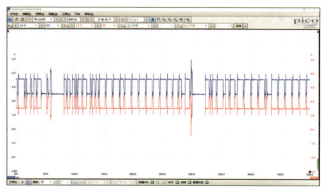

▲ 图1-16　CAN-H和CAN-L正常波形

BD（车身）-CAN波形测量5种形式：

CAN-H对负极短路（图1-17）。CAN-H电压：0（蓝色），CAN-L波形正常（红色）。

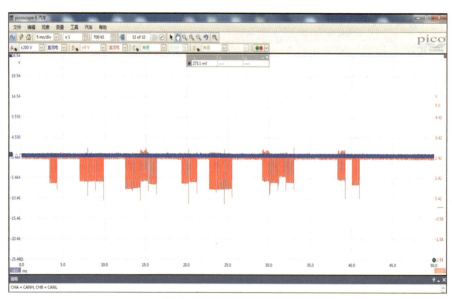

▲ 图1-17　CAN-H对负极短路

CAN-L对负极短路（图1-18）。CAN-H波形正常（蓝色），CAN-L电压：0（红色）。

CAN-L与负极短路时CAN-H波形没有变化，数据传输正常，而其他几种故障波形都出现了变化，所以当CAN-L对负极短路时并不影响各执行元件的工作，但是检测设备会存储CAN电路的故障码。

CAN-H对正极短路（图1-19）。CAN-H电压：13V（蓝色），CAN-L波形正常（红色）。

CAN-L对正极短路（图1-20）。CAN-H波形正常（蓝色），CAN-L电压：13V（红色）。

CAN-H对CAN-L短接（图1-21）。CAN-H电压：2.5V（蓝色），CAN-L电压：2.5V（红色）。

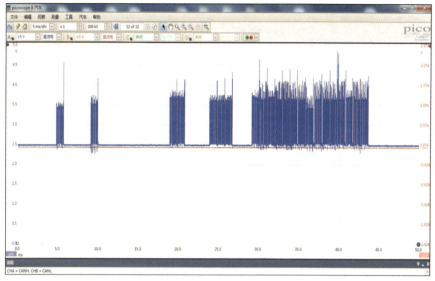

▲ 图 1-18　CAN-L 对负极短路

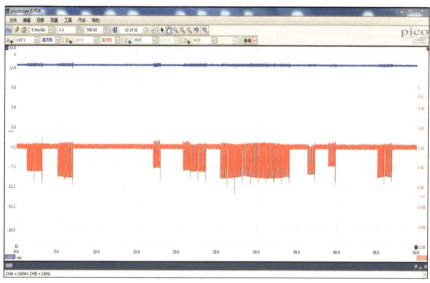

▲ 图 1-19　CAN-H 对正极短路

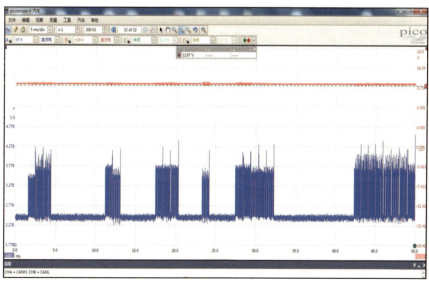

▲ 图 1-20　CAN-L 对正极短路

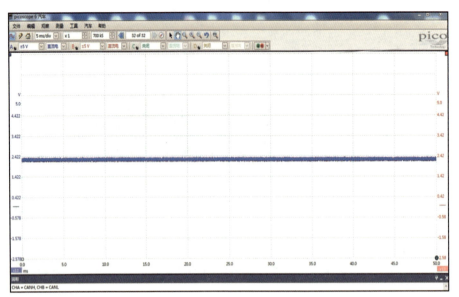

▲ 图1-21 CAN-H 对 CAN-L 短接

任务实施

一、任务准备

操作设备：智能网联实训车辆。

工具/仪器：绝缘拆装工具套装、绝缘螺钉旋具套装、万用表、示波器等。

人员分工：组长1名，记录人员2名，检验人员2名，操作人员若干。以上人选角色可通过选举、自荐及教师指定等来担任。通过多个任务的训练，争取让每个学生轮流担任每个角色，最终提升学生的综合能力。

实训场地：智能网联汽车线控技术实训室。

实训前准备工作：检查工具，用挡块固定车辆，将排烟管插到排气管上，并打开排风机（若无须起动汽车，可不用连接）。安装车外防护套：翼子板垫和前格栅垫。安装车内防护套：脚垫、转向盘套、驾驶人座椅套。检查汽车变速杆位置，应处于P位，同时检查电子驻车制动开关，使其处于驻车状态。

二、识别 CAN 通信协议

1) CAN 数据总线可以采用故障诊断仪进行读码，以判断数据总线的信号传输是否存在故障。无故障码即可将示波器与 CAN 网络连接。这里使用 Pico 示波器进行实训，如图1-22所示。

2) 测量方法。CAN 数据总线波形的检测必须采用双通道示波器或检测仪，其 CAN-H 和 CAN-L 线上的电位总是相反的，电压的总和等于常值，如图1-23所示。

使用示波器通道1的红色表笔连接高速 CAN-H 端子；黑色表笔搭铁（蓝色）。

使用示波器通道2的红色表笔连接高速 CAN-L 端子；黑色表笔搭铁（红色）。

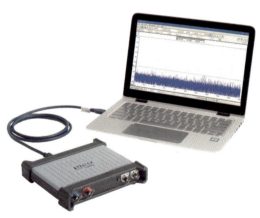

▲ 图1-22 Pico 示波器

波形特点：

CAN-H：2.5~3.5V。

CAN-L：2.5~1.5V。

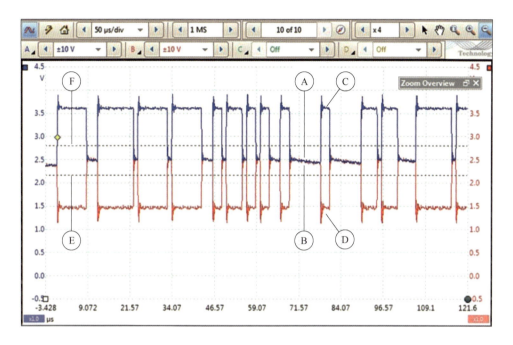

项目	说明	项目	说明
A	CAN 高压-隐性电压	D	CAN 低压-显性电压
B	CAN 低压-隐性电压	E	CAN 高压-平均电压(RMS)
C	CAN 高压-显性电压	F	CAN低压-平均电压(RMS)

▲ 图 1-23　CAN 数据总线波形

3）CAN 总线故障分析。

故　障　点	故障内容	故障原因
CAN 系统相关控制单元 （例如驾驶人车门控制模块）	失去通信 （偶发）	1）蓄电池亏电或偶尔电压不稳定 2）软件故障
	失去通信 （静态）	1）导线断路或短路、虚接 2）控制单元供电有故障 3）控制单元损坏

4）拆下示波器探针并整理检测仪器。

5）利用故障诊断仪清除故障码。

6）回收车内四件套和车外防护三件套，工作现场 7S。

任务评价

基本信息	姓名		学号		班级		组别	
	角色							
	规定时间		完成时间		考核日期		总评成绩	

考核内容	序号	步骤	完成情况		标准分	评分
			完成	未完成		
	1	阐述线控转向系统、制动系统和驱动系统的工作原理				
	2	阐述网络系统故障				
	3	阐述 CAN 总线通信电路的故障形式				
7S 管理（整理、整顿、清扫、清洁、素养、安全、节约）						
团队协作						
沟通表达						
工单填写						
教师评语						

项目二

智能网联汽车线控转向系统装调与检修

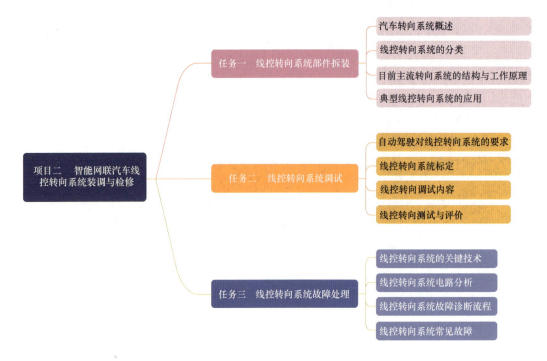

转向系统是用来改变或保持汽车行驶方向的一系列装置。起初，汽车转向系统为机械式转向，完全靠人力进行转向，为协助驾驶人进行汽车方向调整，减轻转转向盘的用力强度，从而发展出了助力转向系统，先后经历了机械式转向系统（MS）、液压助力转向系统（HPS）、电动液压助力转向系统（EHPS）和电动助力转向系统几个阶段。目前，乘用车上以电动助力转向系统为主流，商用车上以液压助力转向系统为主流。展望未来，在智能驾驶时代将更为侧重开发软件层面的高级功能，包括车道保持、主动转向提示、自动泊车、车道偏离预警和自动避让等，实现从"助力"向"智能"的升级，行业的技术壁垒将进一步提高，对电动助力转向系统的技术和冗余要求也将进一步提升，特别是在 L4 级阶段，线控形式的电动助力转向系统将有望成为主流。

线控转向系统以电子方式传输转向指令至执行器，来进行转向动作，即双模自动驾驶汽车上，采用人工驾驶模式时，把驾驶人转动转向盘的角度，经过传感器发送给电控单元，电控单元处理后将电子指令直接发送给转向器，转向器根据指令要求转动车轮。

线控转向系统的发展与电动助力转向系统一脉相承，其用到的关键部件在电动助力转向系统中同样有应用。由于取消了转向盘和转向执行机构之间的机械连接，线控转向系统相对于电动助力转向系统需要有冗余功能。线控转向系统改善了驾驶特性并增强了操纵性，且具备舒适性好、响应速度快、安全性高、与车道保持辅助等辅助驾驶功能配合更好的优点。线控转向很好地满足了汽车智能化对车辆转向系统在控制精确度和可靠性等方面的更高要求，将成为未来智能网联汽车转向系统的主流趋势。

任务一 线控转向系统部件拆装

任务目标

▶ 知识目标

1. 了解线控转向系统的应用。

2. 掌握线控转向系统的结构和工作原理。
3. 掌握线控转向部件的特点和工作原理。
4. 掌握转向系统的定义与分类。

▶ 能力目标

1. 具有在整车上识别线控转向部件位置的能力。
2. 具有拆装与检测线控转向系统相关部件的能力。
3. 具有在整车上更换线控转向系统部件的能力。

▶ 素养目标

1. 使学生树立爱岗敬业、脚踏实地、精益求精的工匠精神。
2. 养成拆卸安装过程中良好的劳动习惯。
3. 能够通过实践项目养成团队协作意识。

任务描述

小宇毕业后应聘进入某智能网联汽车生产企业，主要负责底盘线控系统转向零部件的安装。正式进入岗位前，小宇需要学习该企业主销车型的线控转向系统的基本知识，包括结构、工作原理和特点等，在掌握这些知识后，并跟随师傅完成转向系统相关零部件的分装和整车安装，在实践中验证和巩固所学知识。

知识链接

一、汽车转向系统概述

汽车在行驶过程中，需按驾驶人的意志经常改变其行驶方向，即所谓汽车转向。就轮式汽车而言，实现汽车转向的方法是驾驶人通过一套专设的机构，使汽车转向桥（一般是前桥）上的车轮（转向轮）相对于汽车纵轴线偏转一定角度。在汽车直线行驶时，往往转向轮会受到路面侧向干扰力的作用，自动偏转而改变行驶方向。此时，驾驶人可以利用这套机构使转向轮向相反方向偏转，从而使汽车恢复原来的行驶方向。这一套用来改变或恢复汽车行驶方向的专设机构称为汽车转向系统。

1. 转向系统的基本要求

1）具有良好的操纵性。
2）具有合适的转向力和位置感。
3）具有回正功能。
4）具有适当的路感。
5）工作可靠。
6）节能。
7）低噪声。

2. 转向技术的发展

转向系统自汽车诞生起就开始了一步步的演化，与其他底盘部件相比，转向系统经历了多次迭代，且还在继续，如图 2-1 所示。与 30 年前的车型相比，20 年前的车型在一个功能上就有了显著差异，液压转向系统转变为了电机驱动。在过去的 10 年中，又发生了另一种这样的转变，电动助力转向系统经历了几次发展，已经成了高级驾驶辅助系统（ADAS）的一部分。转向系统的性能除了影响车辆操控性能外，更关乎车辆的行驶安全。发展到今天，有了各种普遍使用的形式，汽车的转向系统经历了传统的机械式转向系统、机械液压助力转向系统、电动液压助力转向系统、电动助力转向系统以及正在发展中的无人驾驶系统。

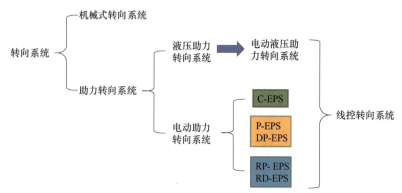

▲ 图2-1 转向系统的发展历程

机械式转向系统又称为无助力转向系统。机械转向操作费力，而且不安全。机械液压助力转向系统是利用发动机的动力带动油泵给机械转向提供液压助力。但是在高速行驶时，由于转向盘反馈力量太小，容易出现"丢方向"的感觉，即用轻微的力就可转动转向盘。同时，由于使用了发动机动力作为油泵动力，所以，发动机用于行驶的动力会有部分损耗。电动液压助力转向系统在原液压助力转向系统上进行了改进，将油泵驱动改为电机驱动；同时，增加了控制单元，让助力大小根据汽车车速来匹配。电动助力转向系统的诞生是转向系统一次质的飞跃。利用电动机直接带动转向轴或转向齿轮，转向齿条在电控单元控制下直接实现助力转向，省去了液压助力系统，更环保、节能、人性化、安全可靠。随着科技的不断发展，人工智能的不断完善，无人驾驶将成为未来的主流。线控转向系统取消了转向盘与转向轮之间的机械连接，完全由电能实现转向，摆脱了传统转向系统的各种限制，通过控制算法实现智能化车辆转向，而且比传统转向系统更节省安装空间，重量更轻。

二、线控转向系统的分类

目前，能适应智能网联汽车转向系统要求的转向系统主要有电动助力转向系统和线控转向系统，如图2-2所示。线控转向系统是继电动助力转向系统后发展起来的新一代转向系统，具有比电动助力转向系统操纵稳定性更好的特点，它取消了转向盘与转向轮之间的机械连接，完全由电能实现转向，彻底摆脱了传统转向系统所固有的限制，提高了汽车的安全性和驾驶的方便性。

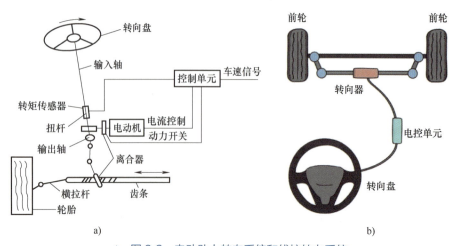

▲ 图2-2 电动助力转向系统和线控转向系统

a）电动助力转向系统　b）线控转向系统

电动助力转向系统直接依靠电动机提供辅助转向动力。在转向盘转动时，转矩传感器将转动信号传到控制单元，控制单元通过计算并控制转向电动机输出合适的转速和转矩，再经过减速机构降速、增矩后推动转向拉杆，提供转向助力。线控转向系统是由传感器获得转向盘旋转角数据的，电控单元将参数折算为具体的驱动力数据，用电动机推动转向器转动车轮，是自动驾驶汽车实现路径跟踪与避障避险必要的关键技术。

三、目前主流转向系统的结构与工作原理

1. 电动助力转向系统的结构

电动助力转向系统主要由转矩传感器、转角传感器、轮速传感器、电动机、电磁离合器、减速机构和电控单元等组成，如图 2-3 所示。

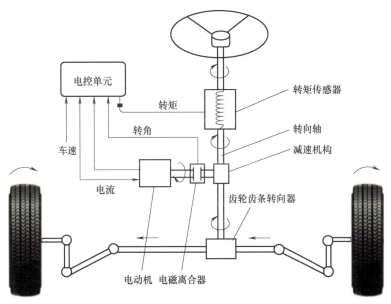

▲ 图 2-3 电动助力转向系统的结构

（1）转矩传感器　转矩传感器可以测量转向盘的转矩大小和方向。电动助力转向系统中转矩传感器有接触式和非接触式。考虑到成本，一般采用接触式转矩传感器，如图 2-4 所示。

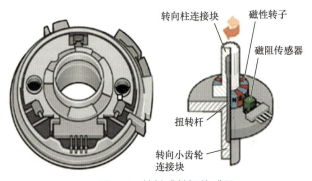

▲ 图 2-4 接触式转矩传感器

（2）转角传感器　转角传感器安装在转向柱锁开关与转向盘之间的转向柱上，与安全气囊带集电环的回位弹簧集成为一体并位于回位弹簧上方，其位置如图 2-5 所示。

转向盘转角传感器的主要作用是检测转向盘的转动方向、转角位置及转动速率，并将该信息输送给防抱死制动系统（ABS）控制单元，传递转向盘转角的信号，以控制模块识别车辆的运行方向。

（3）转向助力机构

① 电动机：电动助力转向系统采用的电动机分为有刷电动机和无刷电动机，如图2-6所示。

有刷电动机在电刷和换向器转动的同时切换电流，所以接通电源就能转动，成本较低。但是，有刷电动机的绕组布置于转子侧，随着输出功率的增大，电动机的惯性力矩增大，就需要解决转向操作灵敏度变差的问题。

无刷电动机本身不带有整流作用，所以需要内置转角传感器，通过电路切换对应转角信号的电流，结构复杂且成本高。但是，无刷电动机的绕组布置于定子侧，转子侧为磁体，即使输出功率增大，也能抑制惯性力矩增大的问题。电动助力转向系统一般采用直流无刷永磁电动机。

▲ 图2-5 转向盘转角传感器的位置

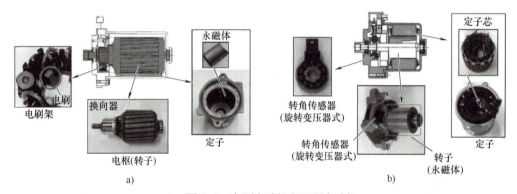

▲ 图2-6 有刷电动机和无刷电动机
a）有刷电机 b）无刷电机

② 电磁离合器。电磁离合器可以保证电动助力只在预定的范围内起作用，如图2-7所示。当车速和电流超过限定的最大值或转向系统发生故障时，离合器便自动切断电动机动力，恢复手动控制转向。

③ 减速机构。减速机构用来增大电动机传递给转向器的转矩，如图2-8所示。

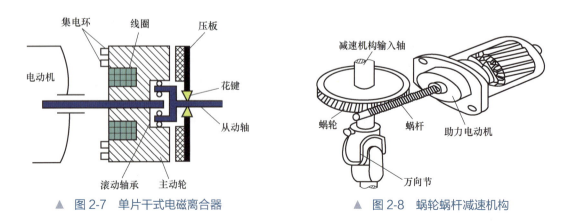

▲ 图2-7 单片干式电磁离合器　　　　▲ 图2-8 蜗轮蜗杆减速机构

④ 转向器。转向器的作用是把来自转向盘的转向力矩和转向角进行适当的变换（主要是减速增矩），再输出给转向拉杆机构，从而使汽车转向，所以转向器本质上就是减速传动装置。转向器有多种类型，如齿轮齿条式、循环球式、蜗杆曲柄指销式等，如图 2-9 所示。

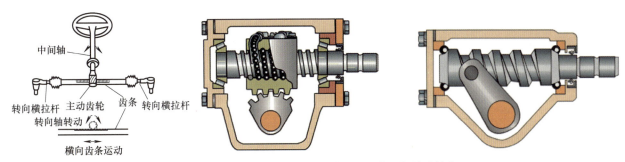

▲ 图 2-9　齿轮齿条式、循环球式、蜗杆曲柄指销式转向器

齿轮齿条式转向器是一种最常见的转向器。其基本结构是一对相互啮合的小齿轮和齿条。转向轴带动小齿轮旋转时，齿条便做直线运动。有时，靠齿条来直接带动横拉杆，就可使转向轮转向。循环球式转向器是目前国内外汽车上较为流行的一种结构形式。循环球式转向器中一般有两级传动副，第一级是螺杆螺母传动副，第二级是齿轮齿条传动副或滑块曲柄销传动副。蜗杆曲柄指销式转向器的传动副以转向蜗杆为主动件，其从动件是装在摇臂轴曲柄端部的指销。转向蜗杆转动时，与之啮合的指销即绕摇臂轴轴线沿圆弧运动，并带动摇臂转动，再通过转向传动机构使转向轮偏转。

电动转向器一般常采用直流无刷永磁电动机，直接依靠电动机提供辅助转矩。当转向轴运行时，转矩传感器开始工作，将扭杆引起的输入轴和输出轴的相对转动角位移转换成电信号发送给电控单元。电控单元根据轮速传感器和转矩传感器的信号确定电动机的旋转方向和助力电流的大小，从而实时调整助力转向，如图 2-10 所示。

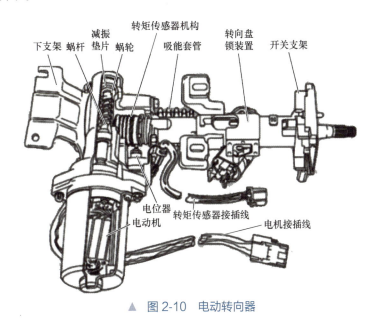

▲ 图 2-10　电动转向器

（4）转向控制单元　电动助力转向系统中的电控单元由用于控制的微控制器、用于监测的集成电路（有时为微控制器）、电动机的驱动电路（驱动电路和转换电路）、通断电动机路径及电源路径的继电器、接收外部信号的接口电路等构成，如图 2-11 所示。电动机驱动电路的作用是对功率元件（MOSFET）进行通断的脉冲宽度调制（PWM）控制。

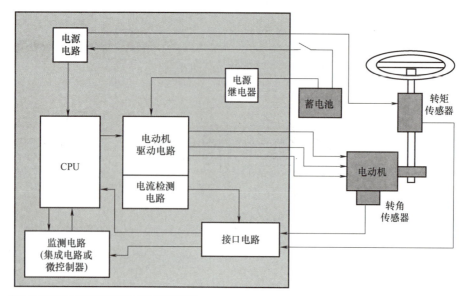

电动助力转向系统电控单元的电路示例(无刷)

▲ 图2-11 电动助力转向系统电控单元的组成

电动助力转向系统中电控单元的印制电路板如图2-12所示,其由排除电源电路中干扰所需的线圈、吸收电流变动所需的电解电容器、通断电源所需的电源继电器等构成。由于要求印制电路板的体积不能太大,有些类型的印制电路板搭载半导体继电器。

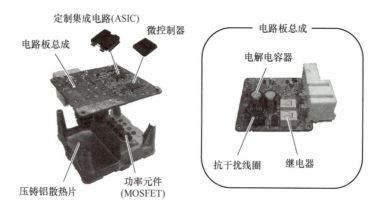

电动助力转向系统电控单元的构成示例(有刷)

▲ 图2-12 电动助力转向系统中电控单元的印制电路板

2. 电动助力转向系统的工作过程

电动助力转向系统的基本工作原理是:转矩传感器与转向轴(小齿轮轴)连接在一起,当转向轴转动时,转矩传感器开始工作,把输入轴和输出轴在扭杆作用下产生的相对转动角位移变成电信号传给电控单元,电控单元根据轮速传感器和转矩传感器的信号决定电动机的旋转方向和助力电流的大小,从而完成实时控制助力转向。电动助力转向系统以直流电动机作为助力源,电控单元根据车速和转向参数控制电动机通电电流强度,调节助力电动机工作力矩,进而控制转向助力强度。因此,它可以很容易地实现在车速不同时提供电动机不同的助力效果,保证汽车在低速转向行驶时轻便灵活,高速转向行驶时稳定可靠,如图2-13所示。

3. 线控转向系统的结构

线控转向系统主要由转向盘模块、主控制器、转向执行模块、故障处理控制器和电源系统等部分组成。其中,转向盘模块、主控制器、转向执行模块是线控转向系统的3个主要部分,其他模块属于辅助部分,如图2-14所示。

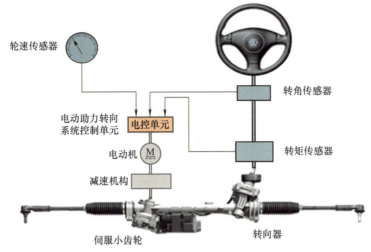

▲ 图 2-13 电动助力转向系统的工作过程

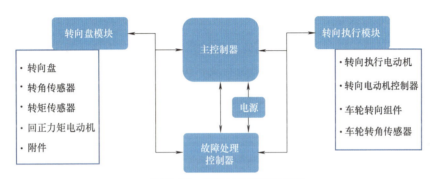

▲ 图 2-14 线控转向系统的结构

（1）转向盘模块　转向盘模块是转向意图的输入模块，包括转向盘、转角传感器、转矩传感器、回正力矩电动机以及相关的附件等。转向盘模块通过测量转向盘的转角和转矩，将驾驶人的转向意图转换成数字信号，并传递给主控制器；同时，转向盘模块接收主控制器反馈的力矩信号，产生转向盘的回正力矩，为驾驶人提供对应的路感。图 2-15 所示为转向盘的转角传感器。转向盘每转 1 圈或执行元件输出轴每转 1 圈，基准传感器就输出 1 个信号。这个信号用于评定转向器的中间位置以及完成故障后的初始化。

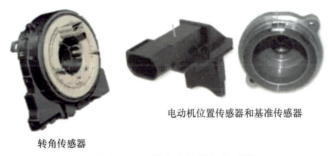

▲ 图 2-15 转向盘的转角传感器

（2）主控制器　主控制器即电控单元，是线控转向的核心，相当于"大脑"，它决定了线控转向的控制效果。它的主要作用是分析和处理各路信号，判断转向意图和汽车的运动状态，并输出相应的控制指令。主控制器一方面对采集到的信号进行分析处理，向转向执行电动机和回正力矩电动机发送指令，确保两台电动机协同工作，从而实现车辆的转向运动和路感的模拟。另一方面，主控制器保持对驾驶人的操作和车辆的状态进行实时监控，实现智能化的控制，如图 2-16 所示。

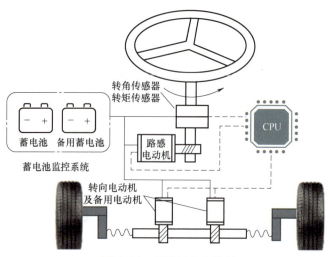

▲ 图 2-16 线控转向主控制器

当系统检测到转向意图不合理、系统指令出现错误或者汽车出现不稳定的状态时，主控制器能够及时屏蔽错误的指令，并以合理的方式自动控制车辆，使汽车尽快恢复到稳定的状态。另外，当线控转向系统出现故障时，主控制器能够及时地采取措施，进行补救，保证行车的安全和稳定。

（3）转向执行模块 转向执行模块的作用是实现和执行驾驶人的转向意图。它由转向执行电动机、转向电动机控制器、车轮转向组件以及车轮转角传感器组成。转向执行模块接收主控制器的指令，通过转向电动机及其控制器，控制转向轮的转动，实现转向。另外，车轮转角传感器将测得的车轮位置信号同步反馈给主控制器，用于计算分析和闭环控制。

（4）故障处理系统 故障处理系统是线控转向系统的重要模块，它包含一系列的监控与应对措施的程序。当线控转向系统出现故障时，故障处理系统按照设定好的程序，采取对应的处理措施，以避免或减轻该故障带来的危害，最大限度地保证汽车的行驶安全。

（5）电源系统 电源系统作为供电设施，是线控转向系统不可或缺的一部分。电源系统承担着控制器、两个执行电动机以及其他车用电器的供电任务。其中，仅前轮转角执行电动机的最大功率就有500~800W，加上汽车上的其他电子设备，电源的负担已经相当沉重。所以，要保证电网在大负荷下稳定工作，电源的性能就显得十分重要。

4. 线控转向系统的工作过程

驾驶人转动转向盘时，转角位移传感器将驾驶人意图转换成数字信号，连同整车其他的信号（例如车速信号等）通过总线传输给电控单元，电控单元根据设定好的算法计算当前轮转角，并将该信号传递给转向电动机完成转向；另外，通过转向阻力传感器获得转向阻力信息后，根据回正力矩算法，将回正力矩大小传递给驾驶人完成路感反馈，如图 2-17 所示。

（1）转向输入 当驾驶人转动转向盘时，转向盘转角位移传感器检测出驾驶人转向意图，并将其转换成数字信号连同车速信号、横摆角速度信号、侧向加速度信号、道路附着条件以及其他车辆行驶相关信息通过数据总线传输给线控转向系统电控单元。

（2）实现转向 电控单元按照提前设定好的前轮转角控制算法，计算出前轮转角控制信号，并将其传递给转向电动机，进而控制转向车轮输出目标前轮转角。

（3）实现路感反馈 电控单元通过转向执行系统的转向阻力传感器获得转向阻力信息，按照提前设定好的回正力矩计算方法，计算出回正力矩的大小，将其传递给转向盘系统中的路感电动机，使驾驶人获得一定的反映路感信息的回正力矩。

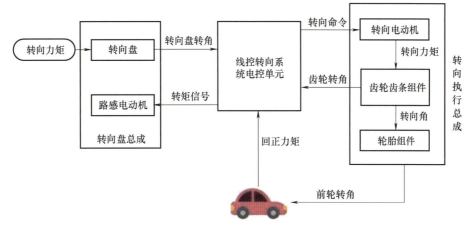

▲ 图 2-17 线控转向系统的工作过程

5. 线控转向系统与电动助力转向系统的区别

电动助力转向系统与线控转向系统之间的主要差异就是，线控转向系统取消了转向盘与车轮之间的机械连接，用传感器获得转向盘的转角数据，然后电控单元将其折算为具体的驱动力数据，用电动机推动转向器转动车轮；而电动助力转向系统根据驾驶人操作的转向盘转角来增加转向力。

（1）电控单元控制，主动转向　由驾驶人接管车辆时，驾驶人转动转向盘，传感器将转向信号传递给电控单元，电控单元通过分析处理驾驶人操作指令及转矩、转角等传感器信号，判别汽车的运动状态，计算出合适的前轮转角发送到转向执行电动机，实现车辆转向；同时，电控单元计算出合适的回正力矩传递给路感电动机，向驾驶人提供路感反馈，保障行车安全性；由整车自行驾驶时，电控单元通过分析各传感器数据，主动控制转向执行电动机，实现转向操作。

（2）快速精确、便于算法升级与集成　与电动助力转向系统相比，线控转向系统具备可脱离驾驶人实现自主转向的特点，能够满足高级别自动驾驶的需求。同时，具备响应速度快，控制精度高；可以滤除路面激振信号，优化驾驶体验；可通过算法优化适应不同车型、驾驶人，灵活性及自适应能力强；易于其他主动安全控制子系统集成和协同控制，提高汽车的整体性能等优点，是高阶自动驾驶驱动下的必然发展方向。

（3）电动助力转向系统和线控转向系统的特点对比　电动助力转向系统和线控转向系统的特点对比见表 2-1。

表 2-1 电动助力转向系统和线控转向系统的特点对比

类别	构成	辅助动力	优势	劣势
电动助力转向系统	在机械转向机构的基础上，增加电控单元、助力电动机和信号传感器等	驾驶人发出转向信号，电动机直接产生辅助动力进而实现转向	1）能耗低 2）反应灵敏，动作直接迅速 3）加入了电控单元控制和分析，传动比可变，提高驾乘安全性智能化控制，可通过冗余设计支持L3级自动驾驶	1）动力有限，难以在大型汽车上使用 2）电子部件较多，系统可靠性较低 3）成本较高
线控转向系统	取消机械连接，增加电控单元、传感器、路感电动机等	电控单元综合驾驶人、传感器的信号做出决策，控制转向的执行，电动机提供转向动力	1）结构精简，重量轻，体积小 2）融合多传感器数据，能够实现精准判断，主动控制，支持L3级自动驾驶	1）对控制器算法、算力的要求显著提升 2）需要设置冗余备份，成本较高

（4）线控转向系统相比电动助力转向系统的智能化程度大幅提升　线控转向的缺点是需要模拟一个转向盘的力回馈，因为转向盘没有和机械部分连接，驾驶人感觉不到路面传来的阻力，会失去路感。不过在无人驾驶汽车上，就无须考虑这个了。在英菲尼迪Q50L上，线控转向系统保留了机械装置，保证即使电子系统全部失效，依然可以正常转向。

四、典型线控转向系统的应用

1. 线控转向系统的应用历程

线控转向的概念起源于20世纪50年代，美国天合公司（现被采埃孚收购）最早提出线控转向的概念，用控制信号代替转向盘和转向轮之间的机械连接。2013年，英菲尼迪Q50作为第一款应用线控转向技术的车型开始量产。2017年，耐世特发布了由静默转向盘系统和随需转向系统组成的线控转向系统，如图2-18所示。

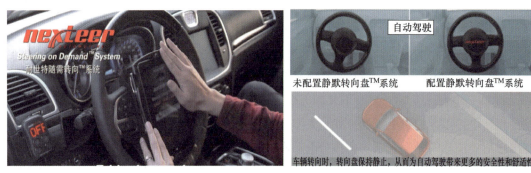

▲ 图2-18　耐世特线控转向系统

在自动驾驶过程中，转向盘将保持静止状态，消除转向盘快速转动过程中潜在的危险，增强驾驶人的安心感。此外，配备静默转向盘系统的车辆可搭载"完全可收缩式"转向管柱，在自动驾驶模式下可自动收缩至仪表板内，从而增加可用空间并提升驾驶室舒适度，使驾驶人可以进行其他活动。

2022年，搭载线控转向系统的丰田bZ4X上市。搭载线控转向系统可以说意义重大，因为它首次在量产车型中完全取消了转向盘和转向轴之间的机械连接，同时它也会随着丰田的纯电动整车平台迅速在集团内的多款车型上大面积推广应用，如图2-19所示。

▲ 图2-19　丰田bZ4X线控转向系统

2. 典型线控转向系统的应用

（1）日产旗下的英菲尼迪Q50 DAS系统　最早的量产线控转向系统可以追溯到2015年，英菲尼迪Q50搭载了主动式的线控转向系统，如图2-20所示。英菲尼迪Q50的转向系统在正常工作状态下，转向盘和转向器之间是没有机械连接的，完全靠电信号实现控制和路感的模拟。当系统出现故障时，通过离合器，将线控转向系统变为一个机械转向系统，这就是对于线控转向系统的冗余。

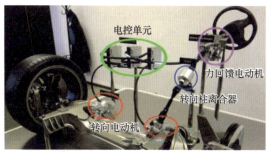

▲ 图 2-20 英菲尼迪 Q50

由于电子系统的故障率要远高于机械系统，如果在高速转向时电子系统突然发生故障，后果不堪设想。因此，英菲尼迪为 Q50 安装了 3 个独立的电控单元。3 个电控单元属于并联关系，负责的内容各不相同（从左至右分别为左前轮、转向盘、右前轮），并同时彼此互相监测其他两个 ECU 的工作情况。当任一个电控单元被监测到出现了问题时，备用模式将立刻通过一个离合器被激活，恢复至传统的机械传动转向模式，确保万无一失。但在正常情况下，转向盘靠备用离合器保持与转向齿条和前轮分离，而转向力电动机对转向盘/驾驶人产生适当的转向力反馈。由于采用电子信号控制，从而消除了转向力在传递过程中产生的迟滞，DAS 明显比传统转向更加灵敏和精准，驾驶人无论在激烈驾驶或是日常驾驶中都能够实时掌控车辆的转向状况，享受更多驾驶乐趣。

（2）博世公司线控转向系统　博世公司线控转向系统与英菲尼迪 Q50 的线控转向系统有很大的区别，博世公司开发的线控转向系统完全取消了转向柱，由上转向执行器 SWA 构成的上转向系统和全冗余式下转向执行器 SRA 构成的下转向系统组成，如图 2-21 所示，而且上转向系统和下转向系统之间没有刚性连接。其配备两套电动机、两套电源、两套电控单元，以及两套绕组，在转向盘处通过多个传感器形成两套完全一致、互为冗余的独立控制系统，双电控单元之间可相互检测，确保系统的稳定运转。

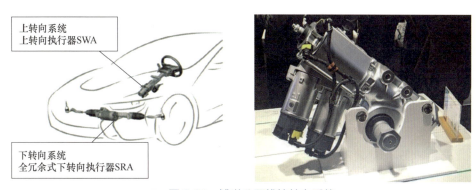

▲ 图 2-21 博世公司线控转向系统

利用电控系统备份冗余的线控转向系统对可靠性和耐用性的要求非常高，目前各大供应商还在研发过程中。

（3）丰田 bZ4X 的线控转向系统　丰田 bZ4X 的线控转向系统无机械转向备份，在构造上舍弃了转向盘与轮胎之间的机械连接，具有下列特征：

1）转向盘转动角度设定为 ±150°，无须换手即可完成转向操作，极大减轻了驾驶人在车辆掉头、入库和弯道行驶等时的操作负担。

2）通过独立控制方向、转向力矩与车轮转角，提升操控感。

3）与选择驾驶模式联动，改变转向装置的特征。

4）阻断轮胎带来的不必要振动，只传达路面状态等必要信息。

5）在经过凹凸不平路面或车道跟踪辅助功能运行时，控制轮胎的动作，确保车辆的安全性。

6）扩展了腿部空间，提升了驾驶位的自由度及上下车便利性，如图 2-22 所示。

▲ 图 2-22　丰田 bZ4X 线控转向系统

任务实施

一、认知线控转向系统相关零部件

根据所学知识并查阅车辆手册，找出各图标所指示的部件名称。

1）在方框内（图 2-23）标出各部件的名称。

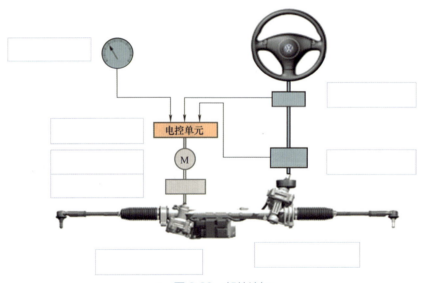

▲ 图 2-23　部件认知

2）查阅相关手册，写出图 2-24 中各部件的名称。

_____

_____

3）在实车上找到图 2-25 所示的部件，描述其作用。

_____

_____

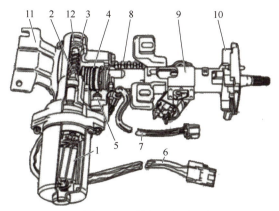

▲ 图 2-24 转向器部件认知

二、根据宇通小宇作业手册（实训中可参考自有实训设备的作业手册），完成电动助力转向系统控制器（图 2-25）的拆装

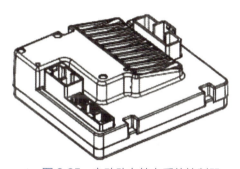

▲ 图 2-25 电动助力转向系统控制器

1. 任务准备

操作设备：智能网联实训车辆。

工具/仪器：常用拆装工具套装、橡胶锤、卡簧钳、螺钉旋具套装。

人员分工：组长 1 名，记录人员 2 名，检验人员 2 名，操作人员若干。以上人选角色可通过选举、自荐或教师指定等来担任，通过多个任务的训练，争取让每个学生轮流担任每个角色，最终提升学生自身综合能力。

实训场地：智能网联汽车线控技术实训室。

2. 实施步骤

查阅车辆手册，参照以下操作步骤进行电动助力转向系统控制器拆装的技能训练。

（1）拆卸

1）断开蓄电池负极电缆。

2）松开电动助力转向系统控制器螺钉。

3）拆卸插头。

4）拆卸电动助力转向系统控制器。

（2）安装　按与拆卸过程相反的顺序进行安装。

知识拓展

一、线控转向系统的市场

目前，电动助力转向系统单价约为1500元，线控转向系统以电动助力转向系统为基础，短期产销量较低，预计单价约为4000元，后期随着应用范围扩大，预计单价有望逐步降低至3000元左右。

按照2020年、2025年国内乘用车销量分别为2300万、2700万辆，线控转向系统渗透率分别为0.1%、15%进行估算，2020年、2025年国内线控转向系统的市场空间分别为1亿元、122亿元。

国内外发展情况如下：

从发展阶段来看，线控转向系统尚处于发展早期阶段，目前渗透率极低，仅有少量车型配备。随着L3及以上智能驾驶的逐步渗透，线控转向系统的使用量有望爆发。

根据佐思产研数据，2017年，中国乘用车转向助力系统厂家中，博世、捷太格特、日本精工株式会社、采埃孚、耐世特等国际巨头市占率排名靠前。

博世线控转向系统亮相于2019年上海车展，采用全冗余的软硬件方案。博世目前是外资厂商中线控转向研发进度最快的。

国内企业主要有株洲易力达机电有限公司、湖北恒隆集团和浙江世宝股份有限公司等，但规模都比较小，技术相对落后。此外，拓普集团也积极拓展电动助力转向系统等产品，有望凭借资金、效率和人才等优势，获得一定的市场空间。

二、线控转向系统发展驱动力

1. 智能驾驶驱动

电动助力转向系统等动力助力转向系统的转向信号来自驾驶人，需要借助机械传导实现助力，无法支持L3+以上自动驾驶；线控转向由电控单元接收转向盘转矩信号，综合车辆速度和加速度等路况信息进行分析并控制电动机产生转向动力，信号来源为软件算法，能够实现转向执行动作与驾驶人操作的解耦，满足高阶自动驾驶的需求，是实现自动驾驶的必需部件。

2. 政策障碍扫除

2022年1月1日，中国转向标准GB 17675—2021正式实施，新政解除过去政策对转向系统转向盘和车轮物理解耦的限制，中汽研标准所与集度、蔚来、吉利等OEM将共同推动制定中国线控转向的行业标准制定，为线控转向落地扫除政策障碍。

线控转向发展趋势：可靠性与高成本是当前落地的主要障碍，高阶智驾驱动下有望实现规模应用。

线控转向硬件结构与R-EPS相似，主要区别在于软件算法复杂度大幅提升。目前，路感模拟、主动转向控制等核心技术尚不成熟＋冗余备份带来额外硬件成本，阻碍线控转向落地。因此，预计短期内"EPS+冗余"将作为线控转向的替代品，满足L3及以下自动驾驶的需要。2025年，伴随L3+自动驾驶渗透率提升，线控转向有望在高端车型上实现批量应用；2030年，随着线控转向技术成熟度提升、成本下探、高阶自动驾驶渗透率的进一步提升，线控转向有望得以普及，渗透率进一步提升。

任务评价

基本信息	姓名		学号		班级		组别	
	角色							
	规定时间		完成时间		考核日期		总评成绩	

	序号	步骤	完成情况		标准分	评分
			完成	未完成		
考核内容	1	认识线控转向系统				
	2	阐述电动助力转向系统和线控转向系统的特点				
	3	线控转向部件的实车认知				
	4	电动助力转向系统控制器的拆装				
7S 管理（整理、整顿、清扫、清洁、素养、安全、节约）						
团队协作						
沟通表达						
工单填写						
教师评语						

任务二　线控转向系统调试

任务目标

▶ 知识目标

1. 掌握线控转向系统的标定。
2. 了解线控转向系统的调试流程。

▶ 能力目标

1. 具有线控转向系统标定的能力。
2. 具有线控转向系统调试的能力。

▶ 素养目标

1. 使学生树立爱岗敬业、脚踏实地、精益求精的工匠精神。
2. 使学生树立勤奋好学、吃苦耐劳、专注耐心的敬业精神。
3. 培养学生充分利用时间和资源，区分重点和监督自己的意识。

任务描述

小宇是一名底盘线控系统调试员，现在需要对新下线的智能网联汽车进行转向系统零位标定和调试。调试人员是如何通过调试软件下发调试指令的？是如何查看转向反馈信号的？带着这些问题开始本任务的学习吧。

知识链接

汽车电控系统的实际控制效果主要取决于传感器采集与反馈信息的精准程度，传感器的科技含量与汽车整体电控系统的性能之间存在着密不可分的关系。对于汽车线控转向系统，其需要运用采集汽车侧向加速度的传感器及测量汽车行驶速度的传感器等多种传感器，保证电子部件发生故障后，系统仍具备基本转向功能，保证转向的可靠性及安全性。

一、自动驾驶对线控转向系统的要求

1. 自动驾驶等级对转向的需求

不同等级自动驾驶对转向系统的要求见表2-2。

自动驾驶对转向的需求完全基于当前的自动驾驶程度，对转向特点提出了要求，首先是从常规的0级到1级、2级，以驾驶人、驾驶人与系统为主。常规的电动处理转向选用单纯的三相电动机、独立电源、位置传感器和一个或两个核的控制器，不一定有异构冗余，因为L2以下是Fail OFF状态，一旦发生危险或故障就会关闭。

功能安全等级方面需要双核功能，特别是在无法关闭时，必须实现ASIL D安全等级，即必须关闭时必须关闭。相线保护是为了满足ASIL D，出现相间短路、电动机短路时能够及时关掉，保证相关通信、网络安全、机械耦合状态。

到L3会有很大的变化，驾驶主体责任人是系统，整个电动助力转向系统设计就是线控转向设计是冗余电动助力转向系统执行机构设计。转向系统已跨到线控转向，其两部分一是路感模拟，二是转向制动控制或转向执行，需要六相电动机或双电动机配置，采用双电源、双TAS备份、三内核，也可以是两个功能核加一个锁步核，以保证功能安全级别和安全的实施。

安全等级达到ASIL D，就必须有异构冗余措施，有预期功能安全因子分析、相线保护、多通信模式、硬件安全模块模组，以保证相关的通信，这时取消了机械耦合，但还有转向盘。到L4、L5，转向盘是可屏蔽状态，甚至采用一些控制终端去实施。

2. 线控转向的主要指标

线控转向系统的指标见表2-3。

从底盘角度来说，线控转向系统的主要性能指标基于底盘动力性、经济性和通过性为原则。当然，各整车厂之间的指标都不一样，出发的层面不一样，一些自动驾驶需求和算法不一样，所选的执行机构也不一样，导致这些指标有所差异，但基本上都是相关的要求。

3. 线控转向系统的功能架构

线控转向系统分为两部分或三部分，一是转向盘总成，其中有路感模拟和管柱调节两部分，管柱调节可能是隐藏或可调式，对转向盘总成有相关的要求，涉及一些相关部件；二是转向执行机构总成，涉及主流的滚动丝杠方式，也有四轮独立360°模块或±90°模块转向机构，如图2-26所示。这些系统与自动驾驶安全等级的渗透率需求直接相关，渗透率越低越难落地。国外发布了路线图，在2024年/2025年会推出整体L3或L4驾驶，所以对线控转向提出了很高要求。

项目二 智能网联汽车线控转向系统装调与检修

表2-2 不同等级自动驾驶对转向系统的要求

分级	SAE	定义	主体 driving操作	主体 监控周边	主体 支援	系统作用	转向系统特点 电动机、相位电源	电源	TAS	RPS	ECU	CORE	异构冗余	功能安全	SOTIF	相保护	通信	网络安全	机械耦合	转向盘	机构冗余
0	无自动化	由驾驶人全权操作汽车，在行驶过程中可以得到警告和保护系统的辅助	驾驶人	驾驶人		无	0/2/3	0/1	0/1	0/1	0/1	0/1	×	QM/C	/	×	n/a	n/a	√	√	×
1	驾驶支援	根据驾驶环境对转向盘和加减速中的一项驾驶支援，提供驾驶支援，其他的驾驶动作都由驾驶人进行操作	驾驶人	驾驶人	驾驶人与系统		3	1	1	1	1	2	×	C	/	√	1	n/a	√	√	×
2	部分自动化	根据驾驶环境对转向盘和加减速中的多项驾驶支援，提供驾驶支援，其他的驾驶动作都由驾驶人进行操作	驾驶人	驾驶人	驾驶人与系统	部分	0	L	1	1	1	2	×	D	/	√	2	n/a	√	√	×
3	有条件自动化	由无人驾驶系统完成所有的驾驶操作，根据系统要求，驾驶人提供适当的应答	系统	系统			6	2	2	2	2	3	√	D	√	√	√	HSM	×	√	√
4	高度自动化	由无人驾驶系统完成所有的驾驶操作，根据系统要求，驾驶人不一定需要对所有的系统请求作答，限定道路和环境条件等	系统	系统	系统		6	2	2	2	2	3	√	D	√	√	√	HSM	×	可屏蔽	√
5	完全自动化	由无人驾驶系统完成所有的驾驶操作，驾驶人在可能的情况下接管，在所有道路和环境条件下行驶	系统	系统	系统	全域况	6	2	2	2	2	3	√	D	√	√	√	HSM	×	可屏蔽	√

表 2-3 线控转向系统的指标

性能	主要指标	指标
线控转向	线控转向冗余系统的主冗切换时间 /ms	≤ 10
	执行响应时间 /ms	≤ 20
	线控转向稳态控制角度误差	≤ 1°
	转向轮最大转向角速度	≥ 30（°）/s
	力矩波动	<5%
	转向系统间隙	<5°~7°
	四轮转向功能	独立转向
	转向功能冗余	Dua PCBA
	主动转向功能	具备
	齿条力估算精度	85%
	高精度路感带宽 /Hz	30
	可变角传动比	具备

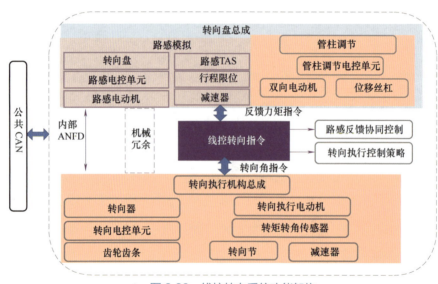

▲ 图 2-26 线控转向系统功能架构

4. 线控转向组件关键参数

主流线控转向组件目前有两类：一类是摇臂式，多用于商用车；另一类是齿轮齿条线控转向器。图 2-27 中是路感协同管柱，取消了中间轴，构成一个完全解耦的线控转向部件。另外，还有转向盘隐藏或收缩机构、路感协同器、转向执行器。2010 年之前这种设计比较少见，基本上都是分离的，2010 年后，功率组件形式逐步成为主流，因为环境恶劣，控制器的设计指标、稳定性要求越来越高，需要与执行电动机集成在一起，容易受到电磁兼容性（EMC）干扰，也容易受电动机发热的影响。

二、线控转向系统标定

1. 标定策略

1）电动助力转向系统需要根据车速、转向盘转矩给定合适的助力。

▲ 图 2-27 线控转向组件的关键参数

2）加装电动助力转向系统会增加回正时的摩擦阻力，需进行摩擦补偿控制。

3）避免高速转向时回正超调，需进行阻尼控制。

4）为了减小电动助力转向系统电动机减速器总成的惯量影响，提高快速转向响应能力，需进行惯性控制。

5）为避免高温环境下继续以较大电流助力，超出半导体器件以及电动机所能承受的极限状态，则根据温度信号对电动机助力电流进行限制，需进行超载保护控制。

2. 检测参数、标定参数和标定目的

（1）检测参数 转向盘转矩、转向盘转速和方向、当前车速、实际电流值（反馈信号）。

（2）标定参数 助力增益、主动回正系数、力矩微分系数、阻尼补偿系数、惯性补偿系数、摩擦补偿系数。

（3）标定目的 在一定的车速下对上述电动助力转向系统参数进行调整、优化并确定最终电动助力转向系统的各种运行控制参数，最终达到所要求的性能。

3. 常用标定系统设备

常用标定系统设备包括标定软件平台、轮速传感器、转向盘转矩传感器和电动机电流传感器。

4. 电动助力转向系统助力特性的标定

如图 2-28 所示，T_1 为起动助力时的操纵力矩，T_2 为驾驶人在恒定车速下可提供的最大力矩，从坐标原点到 T_1 之间为无助力区，T_1 到 T_2 之间为助力可变区，T_2 之后为助力饱和区。标定需确定 T_1、T_2 和斜率 K。T_1 可由实验获得，如某轿车为 $1N·m$；T_2 经验值确定不同车速下斜率 K 的确定：

$$K=\frac{T_{smax}}{T_2-T_1} \qquad T_{zmax}=T_{hmax}+T_{smax}$$

式中 T_{smax}——助力电动机在某恒定车速下应输出的最大助力矩；

T_{zmax}——无助力时转向盘上的最大输入力矩，可通过试验求得；

T_{hmax}——有助力时转向盘上由驾驶人提供的最大力矩，等于 T_2。

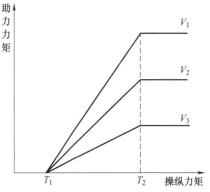

▲ 图 2-28 电动助力转向系统助力特性

试验时，先在没有助力系统的车上测出 0 和 80km/h 时的最大阻力矩，按照上述方法设计出直线型助力特性，0 和 80km/h 之间的整数车速 10km/h、20km/h、……按角度等分。其他的车速可用插值运算得到。

电动助力转向系统参数标定取值范围如下：

助力增益：0~2。

主动回正系数：0~3。

力矩微分系数：0~0.2。

阻尼补偿系数：0~0.02。

惯性补偿系数：0~0.002。

摩擦补偿系数：0~2。

5. 实验评判标准

主动回正系数：不同车速段，转向盘恰好回正，没有不足也不回正超调。

力矩微分系数：不同车速段，加速转向系统的动态响应，且保证高速时不发飘。

阻尼补偿系数：不同车速段，改善路感，高速时加重转向盘，不平路面抑制横摆振动。

惯性补偿系数：不同车速段，提供力矩补偿，角加速度不等于 0 时，进行动态补偿。

摩擦补偿系数：消除转向过程中摩擦对人的不利影响，并且能利用在回正等有利情形下的摩擦特性。

6. 标定评价

1）道路试验主观评价：主要根据试车员的主观感觉对电动助力转向系统转矩大小及转向顺滑性参数进行调整。

2）道路试验客观评价：原地转向轻便性试验、蛇行试验、稳态回转试验。

三、线控转向调试内容

表 2-4 为线控转向调试内容。线控转向涉及横向控制性能测试、功能安全和预期功能安全测试内容，还涉及高级驾驶辅助系统测试内容。

表 2-4 线控转向调试内容

横向控制性能测试	功能安全和预期功能安全测试内容	高级驾驶辅助系统测试内容
正反向空载力矩测试	传感器信号数据溢出测试	角度阶跃指令响应测试
对称度/力矩平顺性	传感器信号传输延时特征测试	角度连续调节动态响应测试
各车速最大转动力矩	电压范围超限测试	最大调节角度测试
静态电流特性测试	电压扰动注入测试	车速/轮速反馈值信号检测
输入输出特性测试	FAIL-OFF 测试	感知传感器模拟信号测试
主动助力/回正测试	Fail-operational 测试	横向控制响应性测试
传感器信号特征测试	转向 FTTI 测试	LKA 执行性能测试
跟随/响应特性	机电极限特征 SOTIF 测试	AEB 执行性能测试
手/自驾驶工况转换特征	手/自转换过程故障注入测试	APA 执行性能测试
故障注入测试	手/自驾驶工况 SOTIF 测试	手/自驾驶工况转换特征测试
底盘域的横纵协调控制	远程客户端测试	远程客户端测试
Switch Ramp 时序测试	孪生仿真（模拟+实际）	孪生仿真（模拟+实际）

四、线控转向测试与评价

在线控转向关键组件及其测试与评价方面，目前国内外都是企业标准，都不是太详细，主要涉及以下测试：

1. 操纵稳定性评价指标

操纵稳定性评价指标主要有两个方面的标准，虽然各企业制定的标准不一样，但只有两种来源，基于转向相关的操纵稳定性指标要求，或来源于自动驾驶，例如车道保持、自动泊车（APA）等，或驾驶辅助系统层面对转向系统的要求，所以评价指标主要是自动驾驶指令要求和操纵稳定性。

2. 线控转向系统和电动助力转向系统力矩阶跃输入信号响应测试

对于一个系统来说，都是围绕时域和频域做相关研究，两者有不同的案例和输出要求。例如在做阶跃时，要看实际响应性，对车身稳定性指标是什么要求，特别是前轮转角的响应，例如路感模拟器转向盘打到一个角度，轮胎响应的角度，都可以探讨。

线控转向系统和传统的电动助力转向系统包括带中间轴和不带中间轴，要看对系统响应指标的要求是好是坏。增加中间轴会有一些空间间隙的自由度，用线控转向路感模拟会有算法的滞后，需要进行齿条力估算，再去做各种滤波才能得出结果，然后通过总线传送给轮胎，需要实际做一些仿真和测试。

3. 系统正弦信号响应测试

从正弦信号输入可以看到带宽多少，带宽内时间间隔或滞后性是否设计合理。当然，设计的算法不一样，例如经常用的卡尔曼滤波估算，可能会影响时间间隔，如何把时间间隔缩短，让系统稳定，在实际标定过程中需要考虑，在仿真过程中也要注意。

4. 双移线工况验证评价

转向是一个圆周运动，双移线工况要做相关的测试，EPA 状态、前轮转角状态、前后轮转角状态、四轮独立状态都要做双移线测试，与规范做相关对比，才能得出整个系统测试的结果。

5. 线控部件测试平台

线控底盘系统是一种复杂的系统，需要经过严格的测试才能确保其稳定性和可靠性。功能测试是线控底盘系统测试中最基础的测试，它可以确保系统的基本功能正常。转向功能测试主要测试转向系统的灵敏度和准确性，检查转向系统是否存在异常。性能测试是线控底盘系统测试中较为复杂的测试，它可以确保系统的性能符合要求。转向测试主要测试车辆的转向性能，包括转向角度和转向力度等指标。

可靠性测试是线控底盘系统测试中最为重要的测试，它可以确保系统的可靠性和稳定性。可靠性测试通常包括以下几个方面：

（1）**环境适应性测试** 测试系统在不同环境下的适应性，包括高温、低温和湿度等环境因素。

（2）**耐久性测试** 测试系统的耐久性，包括长时间运行、频繁起动等情况下的系统稳定性。

（3）**可靠性测试** 可靠性测试指测试系统的可靠性，包括系统的故障率和平均使用寿命等指标。

任务实施

对智能网联汽车转向系统进行零位标定：

准备 1 辆智能网联汽车，并配备相关工具/仪器，如周立功 CAN 总线及连接线、调试笔记本计算机、Canpro 软件。

1. 基本电气检查

1）检查确保新能源整车控制器已经刷写此车程序。

2）检查确保仪表车身控制模块（BCM）刷完程序，仪表显示状态正常。

3）确认自动驾驶智能控制器已经刷上程序。

2. 人工测试

操作车辆，确认以下功能是否正常。

1）静态测试项目：车门、远近灯光、转向灯、双闪灯和制动灯操作正常。

2）动态测试项目：行驶、制动和转向正常。

3. 调整车辆静态零位

1）将网线一端插入笔记本计算机有线网口，另一端插入交换机右侧第 3 口（交换机位于前顶舱内），如图 2-29 中的图一、图二所示。

2）打开标定软件，如图 2-29 中的图三所示。

3）车辆上电，打至"READY"状态，人工转动转向盘，转动至车轮转角为 0°，如图 2-29 中的图四所示。

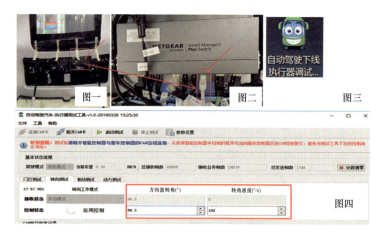

▲ 图 2-29 调整车辆静态零位

4. 连接 CANtest 软件

1）将周立功 CAN 总线一端连接笔记本计算机，另一端连接 OBD1 口 3、11 插口，实现 CAN 通信。

2）打开 CANtest 软件，进行测试。

3）单击"滤波设置"—选择滤波模式"扩展帧单滤波（设定接收单个 ID）"—ID 输入"18DAF913、0x18DAF914"—单击"提交"—单击"确定"，如图 2-30 所示。

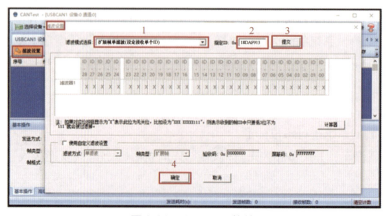

▲ 图 2-30 CANtest 软件设置

5. 标定静态零位

（1）在设置 ID 为"18DAF913"下

1）单击"高级操作"，在 ID 中输入"0x18DA13F9"，数据中输入"0431018B60000000"。

2）单击"发送"，只发送 1 次。

3）查看反馈情况，如果 ID "0x18DAF913" 反馈为 "0471018B60555555" 即为成功。

（2）在设置 ID 为 "0x18DAF914" 下

1）单击"高级操作"，在 ID 中输入"0x18DA13FA"，数据中输入"0431018B60000000"。

2）单击"发送"，只发送 1 次。

3）查看反馈情况，如果 ID "0x18DAF914" 反馈为 "0471018B60555555" 即为成功。

4）关闭标定软件，如图 2-31 所示。

注：此步骤操作完成前，禁止调整 3）步骤调整的转向盘状态。

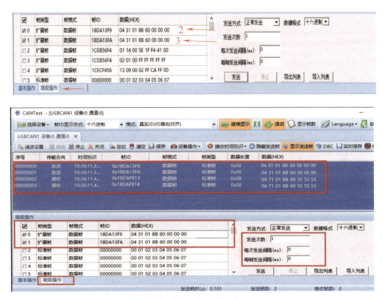

▲ 图 2-31　标定静态零位

6. 标定动态零位

1）在路面平坦、长度不少于 100m 的长直车道上，将车辆边界姿态调整至与车道线大体平行，如图 2-32a 红圈标注的位置（前、后轮后部水位标签）与车道线水平距离 L_1、L_2（L_1–L_2 绝对值不大于 20mm）。

2）打开标定软件，如图 2-32b 所示。

3）启动测试软件，单击软件界面左上角的"连接 CAN 卡"，如图 2-32c 所示，单击"启用控制"，转向盘转角输入"0"，单击〈Enter〉。

4）驾驶人手扶转向盘，不需要调整位置，驾驶车辆保持转向盘进行零位直线行驶 100m（车速不得高于 15km/h），行驶 100m 后测量前轮后水位标签与车道线水平距离 d_L（左负右正），并关闭"启用控制"。

5）车辆行驶真实偏移量为

$$D_L = d_L - L_1 - (L_1 - L_2) \times 100/2.2$$

6）若 D_L 绝对值小于 500mm，则参考转角值为直线行驶转角值，此状态下重复 4）、5）步骤操作；若 D_L 绝对值大于 500mm，则微调参考转角值（D_L 大于 500mm 则调小，D_L 小于 –500mm 则调大）。重复上述步骤，直到 D_L 小于 500mm，并确定最终直线行驶转角值。

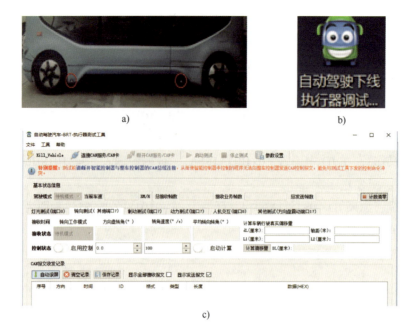

▲ 图 2-32 标定动态零位

7. 测量转向数据

1）进入转向测试界面，单击"启动测试"，如图 2-33 所示。

2）分别按照（100±1）°、（250±1）°、（400±1）°、-（100±1）°、-（250±1）°、-（400±1）°转动转向盘，转向盘转角值可以通过"转向测试"界面转向盘转角得到。

3）转动不同转向盘转角值后，同步记录四轮转向上外侧车轮（左转记录左侧，右转记录右侧）的转角值，按照十进制输入（如 15°3′，则输入 15.03）。

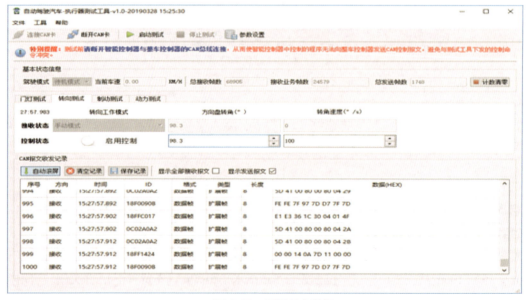

▲ 图 2-33 测量转向数据

8. 计算转向数据

1）将测试的数据输入至转向盘转向速比数据记录表，并分别记录左转平均转向速比、右转平均转向速比和整车平均转向速比。

备注：车轮转角输入时，按照十进制输入（如 15°3′，则输入 15.03），表格中标黄位置为自动生成，勿删除。

2）若同一车辆左、右方向平均转向速比差值小于 1，视为符合质量标准，并将左、右平均转向速比，整车平均转向速比记录保存，对比同一配置不同车辆左、右平均值小于 1（表 2-5）。

3）数据合格后，恢复交换机网线，确保插接牢固。

表 2-5 转向参数设置

转向方向	车轮转角值（外侧）	转向盘转角值	传 动 比	传动比（左右平均）	传动比（整车平均）
			#DIV/0!		
左转			#DIV/0!	#DIV/0!	
			#DIV/0!		
			#DIV/0!		#DIV/0!
右转			#DIV/0!	#DIV/0!	
			#DIV/0!		

9. 签字确认、整理工具

根据生产、工艺、质量等部门要求执行。

知识拓展

一、线控转向控制策略亟待研究方向

线控转向是自动驾驶的关键组成部分，随着自动驾驶汽车的智能化程度逐渐提高，线控转向控制策略在环境适应性、驾驶智能化以及可靠性方面遇到新的挑战。为了满足自动驾驶从当前驾驶辅助阶段逐渐发展至完全自动驾驶阶段对转向系统的要求，线控转向控制策略亟待在以下几个方面进行研究：

1）复杂路况、复杂交通环境条件下线控转向系统的自适应性和鲁棒性，驾驶风格各异的人因工程协同性。

2）极端工况下的失效模式和冗余容错控制策略。

3）线控转向系统样机的实车装载与实车性能验证，为市场推广与应用奠定基础。

4）考虑复杂工况，满足良好的操纵稳定性与车辆驾乘人员舒适性感受的线控转向系统的操纵稳定性分析和评价指标。

5）随着汽车电动化进程的发展，整车电气元件和功率进一步增大，整车电源电压易出现波动，影响线控转向作动器的伺服控制精度，因此需开展更高电压的车载电源（如 48V 车载电源）供电下的线控转向系统的设计与控制研发。

二、L3/L4/L5 级转向方案

L3/L4 级别自动驾驶硬件采用六相电动机，独立双两路转矩传感器和芯片、电路板双冗余的电控单元等，总线采用 CAN FD，控制算法用 PID 算法。

L5 级别自动驾驶会取消转向电动机、路感电动机和转向盘等，而是使用轮毂电动机实现其功能，电控单元采用芯片、电路板等双冗余设计，控制算法除了 PID 算法外，还可能用到模糊算法和神经网络等，总线技术会使用车载以太网。

1. L3/L4 级别自动驾驶转向方案（电动助力转向系统/线控转向系统）

冗余设计：

（1）电动机设计　在冗余电动机中，可采用六相电动机，这样就是双三相电动机。对于六相电动机，当某一相电动机绕组出现故障时，可以关闭对应的三相电动机助力，剩下的三相电动机仍然能提供 50% 的助力。

（2）转矩传感器设计　在满足 L3/L4 等级的冗余线控转向和电动助力转向系统中，至少需要 3 路转矩信号，有 4 路信号更好，在 L3 及以上等级的电动助力转向系统和线控转向系统中采用独立的双两路信号的转矩传感器。

（3）电控单元和电气设计　将控制系统进行双份设计，即芯片、电路板等均用两套零件。其中，主芯片和冗余芯片需要运行不同的算法，主芯片使用 PID 算法，且运算后的转矩指令需要进行比较。

总线技术：CAN FD。

电控单元控制算法：PID 算法。

2. L5 级别自动驾驶转向方案

结构变化：硬件上转向电动机、路感电动机和转向盘等将取消，以轮毂电动机代替并实现其功能。

冗余设计：对电控单元同样进行冗余设计，是将控制系统进行双份设计，即芯片、电路板等均用两套零件。

电控单元控制算法：除了 PID 算法外，还可能使用模糊算法和神经网络。

总线技术：车载以太网。

任务评价

基本信息	姓名		学号		班级		组别	
	角色							
	规定时间		完成时间		考核日期		总评成绩	
考核内容	序号	步骤		完成情况		标准分	评分	
				完成	未完成			
	1	阐述线控转向系统的标定内容						
	2	阐述线控转向系统的调试内容						
	3	线控转向部件的标定						
	4	线控转向系统的测试						
7S 管理（整理、整顿、清扫、清洁、素养、安全、节约）								
团队协作								
沟通表达								
工单填写								
教师评语								

任务三 线控转向系统故障处理

任务目标

▶ 知识目标
1. 掌握线控转向系统的电路图。
2. 了解线控转向系统相关部件插接器的端子定义。

▶ 能力目标
1. 具有识读线控转向系统电路图的能力。
2. 具有诊断与排除线控转向系统故障的能力。

▶ 素养目标
1. 使学生树立爱岗敬业、脚踏实地、精益求精的工匠精神。
2. 使学生树立勤奋好学、吃苦耐劳、专注耐心的敬业精神。
3. 培养学生充分利用时间和资源，区分重点和监督自己的意识。

任务描述

小宇在对一辆智能网联汽车进行检修时，发现该车辆在开启自动驾驶功能时，自动转向的功能起不了作用，智能仪表提示转向系统出现了故障，同时，在进行转向时，听见有"吱吱"的声音。此时，需要了解线控转向的工作逻辑、能查找相关的电路图和会使用相关的诊断设备，这样才能正确、快速地解决问题，使客户满意并得到客户的认可。接下来带着这些问题开始本任务的学习吧。

知识链接

一、线控转向系统的关键技术

线控转向系统技术复杂度高，可靠性与高成本是阻碍其落地的关键障碍。线控转向需要较高功率的力反馈电动机和转向执行电动机，控制两个电动机的算法十分复杂，因此转向系统的安全性和可靠性仍有待提高；同时，线控转向需要通过增加冗余设备保障系统安全性，也导致了额外增加的成本和质量，增加落地难度，如图2-34所示。

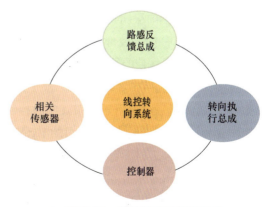

▲ 图2-34 线控转向系统的组成

1. 传感器技术

现代汽车技术发展特征之一就是越来越多的部件采用了电子控制。汽车电控系统的控制效果依赖于传感器的信息采集和反馈的精度，传感器技术状态直接影响整个汽车电控系统的性能。汽车线控转向系统需要的相关传感器有角位移传感器、转矩传感器、车速传感器、侧向加速度传感器和横摆角速度传感器等。

2. 转向执行控制策略

转向执行控制策略需要实时动态调整和控制。线控转向系统的转向执行控制策略可以分为上层策略和下层策略两部分。上层策略根据当前车辆的状态和驾驶人的输入，计算出期望的前轮转角和力矩；下层策略是由转向控制器控制转向电动机执行该指令，快速、准确地达到该目标转角。

线控转向系统需要通过实时的动态调整和控制，实现在低速时减小传动比，提高灵活性；高速时增大传动比，增加系统稳定性；还需要通过前馈控制提前对系统受到的扰动进行补偿，提高响应速度和精度，技术难度较大。

3. 容错控制技术

线控转向系统有以下两种容错方法：

（1）**硬件冗余方法** 通过对重要部件及易发生故障部件提供备份，以提高系统的容错性能。

方案：线控转向系统中的电动机、传感器、电控单元、电源、通信网络等易发生故障的硬件部分进行备份设计，备份的装置可以实现与原装置一样的功能，备份的装置可以与原装置同时工作，也可以一个工作而另一个处于待命状态。

（2）**软件容错方法** 依靠控制器的容错算法来提高整个系统的冗余度，从而改善系统的容错性能，一是对软件自身故障的处理；二是使用软件对系统中出现的其他故障进行处理。

方案：软件容错算法在不改变转向系统结构、增加过多设备的情况下，对故障后、剩余正常工作的转向系统装置进行控制。当部分装置故障时，通过实时数据采样，定位故障类型与位置，通过整合剩余正常工作的装置，互相协同工作，从而达到正常工作状态。

硬件备份技术与软件容错技术具有高度互补性，未来的线控转向系统将是同时拥有硬件备份与容错算法的高度智能的系统。

线控转向系统两种容错方法对比见表2-6。

表2-6 线控转向系统两种容错方法对比

技术类型	控制算法	系统体积和质量	系统成本	可靠性	成熟度
硬件备份	简单	体积大，质量重	高	高	高
软件容错算法	复杂	体积小，质量轻	低	低	低

4. 总线技术

线控技术的全面应用将意味着汽车由机械系统到电子系统的转变。线控技术要求网络的实时性好、可靠性高，而且一些线控部分要求功能实现冗余，以保证在系统发生故障时能维持这个装置的基本功能，这就要求用于线控的网络数据传输速度高、时间特性好、可靠性高。

目前，汽车上存在着多种总线标准。这一类总线标准主要有TTP（时间触发协议）、Byteflight和FlexRay。TTP是一个应用于分布式实时控制系统的完整的通信协议，能够支持多种容错策略，具备节点的恢复和再整合功能；宝马公司的Byteflight可用于汽车线控系统的网络通信，其特点是既能满足某些高优先级消息需要时间触发，以保证确定延迟的要求，又能满足某些消息需要事件触发，需要中断处理的要求；其他汽车制造商目前计划采用FlexRay，这是一种特别适合下一代汽车应用的网络通信系统，具有容错功能和确定的消息传输时间，能够满足汽车控制系统的高速率通信要求。基于总线技术的汽车线控转向系统，将传统的机械转向系统变成通过高速容错通信总线相连的电气系统，实现系统的自动化、智能化、网络化与信息化。

5. 电源技术

汽车电源承担着线控转向系统中电控单元和4个电动机的供电。2个转矩反馈电动机功率为50~

80W，2个转向电动机功率为500~800W，电源负荷相当重。因此，为了保证整个系统的稳定工作，汽车电源的性能至关重要。实验证明，对于特定的功率，电压值的提高可使系统电流减小，而小的电流可使导线上的损耗减少，从而可使用更细、更小的线束。提高电压值也可以减小电器装置本身的体积、质量和损耗，也有利于控制装置的小型化，提高集成度。于是，一些汽车制造商提出，将现有的汽车电源电压提高3倍，即达到42V。42V电源的采用为发展汽车线控转向系统创造了条件：电动机的质量减小了20%；减小了线束直径，降低了设计与使用成本，方便安装；降低了负载电流；提高了电子元件的集成度等。这些优点对线控转向系统开发具有决定性的影响，必将大大推动汽车线控转向系统的电动机以及相关部件的发展。

二、线控转向系统电路分析

1. 线控转向系统电路图分析

图2-35所示为常见的线控转向系统电路。线控转向系统的工作过程：打开起动开关，电动转向系统控制器接收到起动信号，当转向盘转矩转角传感器监测到转向盘转角和转矩后，将信息反馈至电动转向系统控制器，电动转向系统控制器通过CAN总线访问当前车辆状态（车速、档位等）控制助力转向电动机通电占空比及电流大小，实现不同车辆状态下的转向助力。再通过加装环境感知传感器、计算平台、CAN协议调试，进而使电动转向系统控制器实现智能网联汽车的线控转向功能。

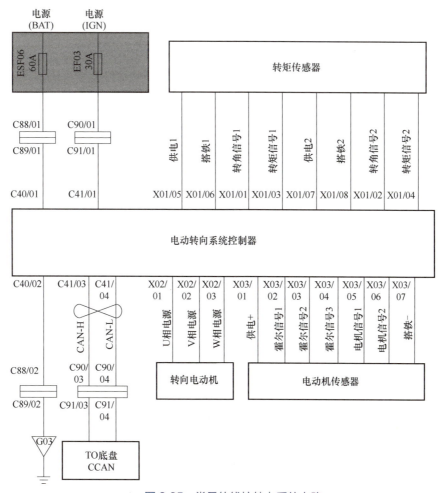

▲ 图2-35 常见的线控转向系统电路

2. 线控转向系统部件插接器端子介绍

由于目前电动助力转向系统应用更为广泛，所以关于线控转向系统的端子介绍和后面的故障检修都以电动助力转向系统为例。电动助力转向系统电控单元上主要由 IGN 电源插接器、转矩传感器、TO 底盘 CCAN、转向电动机和电动机传感器等组成。其各部件插接器端子定义见表 2-7。底盘 CCAN 信号插接器通过 CAN 线与其他模块进行通信；传感器插接器与转矩转角传感器连接，用于监测转向盘转角与转矩；电动机连接线连接至转向助力电动机提供工作电源；电源插接器与辅助蓄电池连接。

表 2-7 各部件插接器端子定义

名 称	端子编号	端子定义	图 例
C40 电动助力转向系统电源	1	电源	
	2	GND	
C41 电动助力转向系统模块	1	唤醒电源	
	2	空置	
	3	底盘 CAN 高	
	4	底盘 CAN 低	

三、线控转向系统故障诊断流程

1. 车辆接诊

在接到一辆故障汽车时，使用 5W2H 法询问客户，对客户的描述去伪存真，对客户的描述进行专业的描述，建立维修的起始点，如图 2-36 所示。

▲ 图 2-36 故障诊断流程

2. 故障验证

从状态识别的角度出发，验证故障的真实有效性。强调故障时系统的实际输出与所期望的输出不相容，或系统的观测值与系统行为描述模型所得的预测值存在矛盾。

3. 故障检查

1) 硬件方面的检测。检查转向各部件或线束是否存在破损、松动或漏油等现象。

2) 软件及通信数据检测。

① 从报文结构和定义：数据类型、位序及字位序、保留字段、初始值及无效值、报文架构和报文

中信号定义等。

② 网络相关诊断：CAN 网络故障描述、诊断故障码和特定条件下的行为（行为包括过电压或欠电压情况下停用功能、网络故障时的行为、ACK 缺失时的总线行为和总线关闭处理）等。

4. 故障分析与确认

从维修的角度出发，强调故障是设备的功能失常和局部的功能失常。

5. 故障修复与测试

根据车辆故障点各部件进行维修或更换，或对软件相关内容进行修复和升级，并完成测试，测试环境和测试用例（用例包括 100% 总线负载下的报文接收、总线负载突增时的报文接收、接收报文数据长度及类型、发送报文 ID 及 DLC、未使用字节填充规则、信号默认值、发送周期公差、首次完成所有周期型报文的最小时间、BUS-OFF 恢复时间、欠电压/过电压情况下的报文发送持续时间和欠电压/过电压恢复情况下的报文发送启动时间）等。

四、线控转向系统常见故障

电动机中的开关管断路、旋变信号异常和温度传感器异常等故障发生概率较高，对系统影响较大；传感器中的短路、断路和机械故障等对系统影响较大，但是发生频率不高；通信总线中的接头接触不良对系统影响较大且发生概率较高。

1. 线控转向系统可能出现的故障类型及发生概率

线控转向系统常见故障见表 2-8。

表 2-8　线控转向系统常见故障

部　件	故障类型	发生概率	对系统影响程度
电动机故障	电动机绕组断路	低	高
	电动机绕组短路	低	高
	开关管断路	高	高
	开关管短路	低	高
	位置传感器失效	中	低
	控制芯片失效	低	低
	上述故障混合出现	低	高
	电流传感器信号异常（电动机、母线）	低	低
	旋变信号异常	高	高
	母线电压采集异常	低	低
	温度传感器异常（IGBT/电动机）	高	高
传感器故障	短路	低	高
	断路	低	高
	电压过高或过低	低	低
	信号混入	高	低
	机械故障	低	高

(续)

部　件	故障类型	发生概率	对系统影响程度
通信总线故障	接头接触不良	高	高
	断路	低	高
	外部屏蔽受损	低	低
	信号混入	高	中
	总线初始化故障	低	高
	总线发送超时故障	低	高
	总线接收超时故障	低	高

电动机故障：对系统影响较大的故障分别是电机绕组断路、电机绕组短路、开关管短路、开关管断路、故障混合出现、旋变信号异常和温度传感器异常等，且出现频率较高的故障有开关管断路、旋变信号异常和温度传感器异常等。

传感器故障：对系统影响较大的故障分别是短路、断路和机械故障，虽然信号混入出现频率较高，但对系统的影响程度较低。

通信总线故障：对系统影响较大的故障分别是接头接触不良、断路、总线初始化故障、总线发送超时故障、总线接收超时故障等，且出现频率较高的故障主要是接头接触不良，虽然信号混入出现频率较高，但对系统的影响程度较低。

2. 方向摇晃或跑偏常见故障点

方向摇晃或跑偏常见故障点见表 2-9。

表 2-9　方向摇晃或跑偏常见故障点

故障情况	故障原因	处理方案
方向摇晃或跑偏	外界因素	汽车行驶在拱形路面的一侧，本身就有跑偏的倾向，当拱形较大时，跑偏就较为明显
	前轮两边轮胎气压不同或前轮定位偏差较大	调整前轮两边轮胎气压和定位偏差
	前轮鼓轴承等机械部件松旷	检查前轮鼓轴承等机械部件
	转向摇臂轴与活塞直齿间隙过大	调整转向摇臂轴与活塞直齿间隙或更换转向器总成
	整车前束调整不正常	检查并调整前束至规定值

任务实施

一、转向异响故障分析与处理

1. 任务准备

操作设备：智能网联汽车。

工具/仪器：周立功 CAN 总线及连接线、调试笔记本计算机、工具车。

人员分工：组长 1 名，记录人员 2 名，检验人员 2 名，操作人员若干。以上人选角色可通过选举、自荐或教师指定等来担任。通过多个任务的训练，争取让每个学生轮流担任每个角色，最终提升学生的综合能力。

实训场地：智能网联汽车线控技术实训室。

2. 实施步骤

对智能网联汽车转向异响故障进行排除。

转向时有异响，严重时转向油管抖动的故障原因及处理方案见表2-10。

表2-10　转向时有异响，严重时转向油管抖动的故障原因及处理方案

故 障 原 因	处 理 方 案
缺油或转向液压系统进入了空气	加油、排气。检查各管接头间是否有漏气现象
由油泵或转向系统油管堵塞或油罐滤芯堵塞引起的供油不足	检查油泵、油管及油罐滤芯是否有堵塞现象
由于液压油中的杂质超标，造成转向器的阀不能正常工作，出现卡阻现象	修理或更换转向器总成
机械方面的响声	检查各连接部位

1）油罐缺油。

故障现象：转向系统未发生外漏现象，但转向油罐油面下降，需经常补充加油。造成这一故障现象的原因一般是由于油泵输入轴油封损坏，液压油从油泵漏进发动机油底壳所致。

2）转向发卡。

① 现象一：在整个方向间断性转向发卡，在转向盘转1圈的过程中，时轻时重，伴随响动，前轮回位明显比以前差，手上有抖动感。

原因：一般是转向器机械发卡或转向传动系统机械卡阻。

检查排除方法：顶起前桥，脱开直拉杆，全程转动转向盘到极限位置，可检查出转向器是否有间断性机械卡阻，扳动前轮可检查出前桥总成机械卡阻，转向器出现机械卡阻，必须更换转向器。

② 现象二：在转向行驶中，特别是快速转向中，偶尔出现转向盘发卡现象。猛踩加速踏板后，发卡现象消除。

原因：顶起前桥检查，转向器及转向系统无机械卡阻现象，这种情况一般是由于转向油泵清洁度差，引起油泵溢流阀芯瞬时卡阻，给转向器供油不足造成，一般可拆下油泵溢流阀芯清洗或更换油泵总成消除。

③ 现象三：汽车行驶到有坑、有坎、松软路面，突然用很大转向力也不能转向，而后转向恢复正常。

原因：转向系统并无问题，是由于处于这种路面，需要的转向力矩（负荷）超过转向器最大输出力矩，油泵安全阀开启所致。

二、方向摇晃或跑偏故障分析与处理

线控转向故障检修任务以智能网联汽车底盘线控实验实训台为载体，开展针对线控转向、线控制动、线控驱动的实训，完成工作原理认知、通信及协议认知、装配调试与故障检测等理实一体化教学。

1. 任务准备

操作设备：底盘线控系统测试装调实验实训台。

工具/仪器：万用表。

人员分工：组长1名，记录人员2名，检验人员2名，操作人员若干。以上人选角色可通过选举、自荐及教师指定等来担任。通过多个任务的训练，争取让每个学生轮流担任每个角色，最终提升学生的综合能力。

实训场地：智能网联汽车线控技术实训室。

2. 实施步骤

（1）转向盘检修

1）基本检查。

① 用手握住转向盘上下推拉，正常情况下不应有间隙。若有，则需检查、紧固转向盘与转向柱的紧固螺栓。

② 转动转向盘，查看是否存在卡滞或锁止的情况。

2）转向盘自由行程检测。转向盘的自由行程是指汽车保持直线行驶不动时，左右晃动转向盘所测得的游动角度。转向盘自由行程是转向系统中各部件配合的一个综合诊断参数，当它超过规定值时，说明转向盘至转向轮中存在着连接松旷的情况，为保障汽车的操纵稳定性和行车安全性，需对转向盘自由行程进行检测。

检测步骤如下：

① 停车且使车轮处于直线行驶位置。

② 转动转向盘，先快速再慢速，检查两种转动速度下转向盘的操作力有无明显差别，并检查转向盘能否回到中间位置。

③ 在转向盘上做好位置标记，将钢直尺放置于转向盘侧面，如图 2-37 所示。向左或向右转动转向盘直至车轮开始发生偏转，记下转向盘的自由行程。

转向盘自由行程应为 0~30mm（0~1.2in），若超过该自由行程的最大值，则需进行调整。找出转向系统连接松旷的地方，查阅维修手册进行紧固。

④ 如果转向盘运动不在规定自由间隙的范围内，按以下步骤进行检查，如果发现缺陷，则更换：

a. 检查转向横拉杆球头是否磨损。

b. 检查下部球接头是否磨损。

c. 检查转向轴接头是否磨损。

d. 检查转向小齿轮或齿轮齿条是否磨损或破裂。

e. 检查其他部件是否松动。

▲ 图 2-37 转向盘转动自由行程

3）转向力检查。

① 将汽车停放在水平路面上，转向盘放置在平直向前位置。

② 检查轮胎充气压力是否符合规定要求（参阅轮胎指示）。

③ 起动开关。

④ 转向工作时，通过相切方向钩住转向盘上的弹簧秤测量转向力，至少 35N。

（2）转角传感器、转矩传感器检修　汽车转角传感器损坏后，会出现方向错乱、摇晃、跑偏和反应不灵敏等现象；转矩传感器损坏会造成低速行驶时转向沉重、高速行驶时转向发飘的现象。转角传感器和转矩传感器的检修方法如下：

1）连接跨接线，检查转角传感器和转矩传感器的供电电压，查看是否正常。

2）若供电电压正常，则需检测其信号。断开传感器插接器，使用万用表检测传感器信号线电阻，正常情况下应小于 0.5Ω。

3）若信号线正常，则需检查传感器是否损坏。若传感器损坏，则需更换新件。

三、线控转向系统通信故障分析与处理

线控转向系统故障检修任务以智能网联实训汽车为载体，如图 2-38 所示，开展针对线控转向、线控制动、线控驱动的实训，完成工作原理认知、通信及协议认知、装配调试与故障检测等理实一体化教学。

▲ 图 2-38　智能网联实训汽车

1. 任务准备

操作设备：智能网联实训车辆。

工具 / 仪器：绝缘拆装工具套装、绝缘螺钉旋具套装、万用表、示波器等。

人员分工：组长 1 名，记录人员 2 名，检验人员 2 名，操作人员若干。以上人选角色可通过选举、自荐及教师指定等来担任。通过多个任务的训练，争取让每个学生轮流担任每个角色，最终提升学生的综合能力。

实训场地：智能网联汽车线控技术实训室。

2. 实施步骤

（1）故障检测前防护　个人防护：维修人员需戴防护手套；车辆防护：需铺上格栅和翼子板，如图 2-39 所示。

▲ 图 2-39　车辆及个人防护

（2）转向控制器通信故障诊断与排除故障分析　故障现象：车辆转向无助力，仪表上转向盘故障灯亮，如图 2-40 所示。

▲ 图 2-40　仪表故障显示

上位机显示故障码（图 2-41）：ICAN 0x4003　ICAN LOST、EVCAN 0x4002　EVCAN LOST。

▲ 图 2-41　上位机显示故障码

故障分析：通过分析上述的故障现象和故障码，初步判断是电动转向系统控制器通信故障。造成故障的原因如下：

① 电动转向系统控制器供电电源故障。

② 电动转向系统控制器通信故障。

③ 电动转向系统控制器软件错误。

④ 电动转向系统控制器自身故障。

（3）故障检测　测量过程如下：

第 1 步：使用示波器测量电动转向系统控制器的波形，波形为两条 0 的直线；用万用表测量其供电端子 C41/01 处的端子电压，显示为 0，说明电动转向系统控制器的供电有问题，如图 2-42 所示。

第 2 步：查找具体的断路点，通过向上查找电动转向系统控制器的供电线束，锁定故障点在 C90 插接器，断开，如图 2-43 所示。

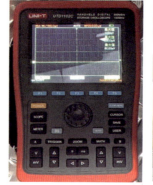

▲ 图 2-42　数据测量

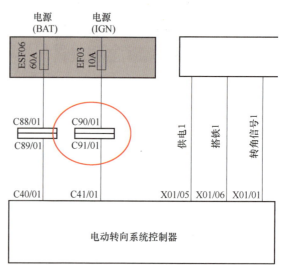

▲ 图 2-43　查找故障点

第3步:将C90插接器连接好,并检测C41/01处的端子电压,显示为13.38V,说明电动转向系统控制器的供电正常,如图2-44所示。

▲ 图2-44　插接器恢复

第4步:转动转向盘,仍然无力,接着进一步检测电动转向系统控制器的通信波形是否正常,发现电动助力转向系统的CAN-H无波形,如图2-45所示。

▲ 图2-45　CAN线检测

第5步:经检测电动转向系统控制器的通信CAN-H线和CAN-L线,CAN-H线断路,导致电动助力转向系统的CAN-H无波形,转向系统无法正常通信,恢复后,读取相关波形,通信正常,如图2-46所示。

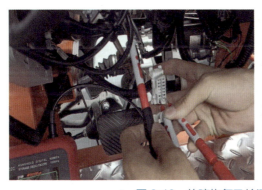

▲ 图2-46　故障恢复及检测

(4)故障恢复　故障点:转向电动转向系统控制器的供电和CAN-H线断路。

排除故障:将电动助力转向系统的供电插接器连接完好,并更换损坏的线束,试车,转向正常,仪表显示一切正常,如图2-47所示。

▲ 图 2-47 仪表显示正常

知识拓展

目前线控转向技术发展面临的技术难题及应用前景。

1. 线控转向系统的稳定可靠及安全性问题

目前，阻碍线控转向系统普及的一个重要因素是其可靠性问题，现在还无法在可靠性与成本之间取得一个很好的平衡。世界各大研究机构正在就这一问题进行联合攻关，相信这一问题能够得到合理的解决。要想装载线控转向系统，必须解决以下问题：

1）目前，电子部件还没有达到机械部件那样可靠的程度，如何保证在电子部件出现故障后，系统仍能实现其最基本的转向功能，即如何保证电子转向系统的稳定可靠、安全工作是十分重要的，这也是电子转向系统目前最为突出的问题。

2）由于转向盘与转向轮之间没有直接的机械连接，因此如何提供给驾驶人合适的路感，以使驾驶人能够感受到道路的状况以及转向轮所处的位置，从而据此调节转向力矩是其中的关键技术之一。

3）为了保证车辆的行驶安全性，即车辆只要是在运行中，都应该保证转向系统能够起作用。

4）如何通过软件来实现转向盘转向圈数、转向敏感度和路感强弱可调节。

2. 线控转向系统中模拟"路感"的问题

如何生成让驾驶人能够感知汽车实际行驶状态和路面状况的路感，是实现线控转向系统必须解决的问题之一。这就涉及模拟路感的电动机振动控制技术。

3. 线控转向系统的动力电源问题

线控转向系统在传统的电控单元供电系统条件下无法实施，未来车辆将采用电源技术，到那时汽车电子附件的供电问题将会得到圆满解决。

4. 传感器的精度和成本问题

传感器是线控转向系统中最重要的器件之一。在线控转向系统中需要多个转向传感器参与工作。这些传感器的作用是：实时检测转向盘与转向电动机的转矩或转角的大小和方向，并将此信息转换为电信号传送到电子控制器。电子控制器根据转向传感器的信号及车辆导向单元的信号按照控制模型进行分析运算与判断，然后将该信息送至转向盘电动机与两个转向电动机。传感器的精度问题决定了整个线控转向系统的性能可靠性。加速开发研究既可靠又价格低廉的传感器十分重要，价格昂贵是线控转向系统难于推广的一个原因。

5. 应用前景

从我国行业整体技术发展的水平来看，离线控转向技术的大量应用尚有一段距离。但该项技术的采用，必定会带来我国行业技术水平质的飞跃。辅助驾驶系统和无人驾驶是现在新兴的热门研究领域，实现车辆智能转向的最佳方案是采用线控转向系统。因而线控转向系统的研制开发为自动驾驶车辆的开发提供了良好的科研平台，其自身也具有良好的应用前景。线控转向系统由汽车产业向工程车辆转移，是工程车辆发展的必然趋势。虽然国内外生产厂商刚开始注意这个问题，但线控转向系统以其特有的优势，必然会在工程车辆中得到广泛的应用。

任务评价

基本信息	姓名		学号		班级		组别	
	角色							
	规定时间		完成时间		考核日期		总评成绩	
考核内容	序号	步骤		完成情况		标准分	评分	
				完成	未完成			
	1	转向控制器故障诊断						
	2	转向异响故障分析与处理						
	3	方向摇晃或跑偏故障分析与处理						
	4	转向系统故障诊断						
7S 管理（整理、整顿、清扫、清洁、素养、安全、节约）								
团队协作								
沟通表达								
工单填写								
教师评语								

项目三

智能网联汽车线控制动系统装调与检修

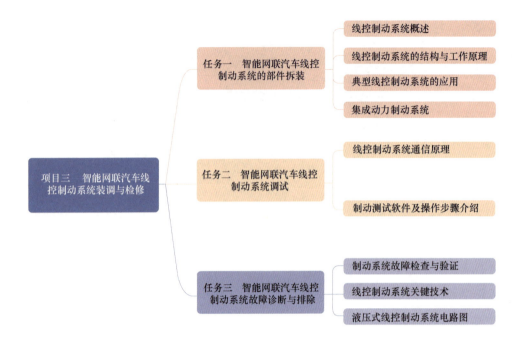

线控制动系统是智能网联汽车自动驾驶执行层的重要环节。线控制动系统的应用对汽车和制动性能的提高带来根本性变革。线控技术（X-by-Wire）就是"电控技术"，其中，"X"代表汽车中传统上由机械或者液压控制的各个功能部件，线控制动属于线控，用制动（Brake）代替X就称线控制动（Brake-by-Wire，BBW）。机械连接逐渐减少，制动踏板和制动器之间动力传递分离开，取而代之的是导线连接；将原有的制动踏板用一个模拟发生器替代，通过制动踏板位置传感器监测驾驶人的制动意图产生、传递制动信号，将制动踏板机械信号转变为电控信号，并将信号传递给控制系统和执行机构，以电控模块来实现制动力，并根据一定的算法模拟踩踏感觉反馈给驾驶人；导线传递能量，数据线传递信号，这种制动称为线控制动。

大部分小型汽车都采用传统的液压制动系统制动，通过制动踏板提供能量，而线控制动系统有专门的能量供给方式，一般来说是通过轮边的一些电动机直接驱动进行这些工作，而传统的制动系统液压和气压管路没有了，这是它们最大的区别，如图 3-1 所示。

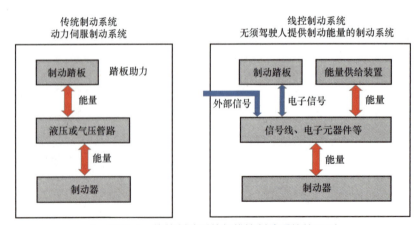

▲ 图 3-1　传统制动系统与线控制动系统的区别

任务一 智能网联汽车线控制动系统的部件拆装

📋 任务目标

➤ 知识目标
1. 掌握线控制动的定义和分类。
2. 掌握线控制动系统的结构和工作原理。
3. 掌握液压式线控制动系统与机械式线控制动系统的差异。
4. 掌握集成动力制动系统的模式。
5. 了解集成动力制动系统。
6. 了解集成动力制动系统的组成。

➤ 能力目标
1. 具有在实车上识别线控制动系统相关零部件的能力。
2. 具有拆装与更换线控制动系统相关部件的能力。
3. 具有安装与调试线控制动系统的能力。

➤ 素养目标
1. 使学生树立爱岗敬业、脚踏实地、精益求精的工匠精神。
2. 使学生树立勤奋好学、吃苦耐劳、专注耐心的敬业精神。
3. 培养学生充分利用时间和资源,区分重点和监督自己的意识。

📝 任务描述

小宇是某企业底盘线控装配工实习员,被安排到了汽车底盘装配车间,正在车间跟着师傅学习装配某一型号智能网联汽车的线控制动系统。在装配前,师傅让小宇先了解线控制动系统的基本知识(结构、工作原理、特点等)。在掌握这些知识后,小宇跟着师傅将线控制动系统的零部件组装起来,先装到汽车上,再安装调试工作。下面就跟着小宇的学习进程开始本任务的学习。

🔗 知识链接

一、线控制动系统概述

智能网联汽车线控制动系统的功能与传统汽车制动系统的功能一样,也是保证能够按照路况等条件进行强制减速直至停车,只是在结构上有所变化。线控制动系统使用一个制动踏板传感器,监测踏板的位置;踏板的移动被传递给电控单元,电控单元与4个直流电机相连,每个轮胎上有1个;根据制动踏板的踩踏情况,电控单元命令电动机进行制动。由于这些电动机是相互独立的,可以对每个轮胎施加不同的压力,这有助于使用其他技术,如防抱死制动系统、牵引力控制系统(TCS)和车辆电子稳定程序(ESC)等。电控单元通过线控液压制动系统,使4个轮缸完成不同的任务,比如增压、减压或者保压,从而完成车辆的制动,或者稳定性控制。电控单元使用来自其他传感器的数据,如轮速传感器和横向加速度传感器,以获得对需要多少制动的完美概念。由于制动是汽车中非常重要的一部分,它的故障是具有破坏性的。因此，线控制动系统使用了一个备用制动系统，以确保汽车能够一直制动。这种冗余系统是 L3 级别以上自动驾驶功能必须具备的。

线控制动是未来趋势，近 100 年来，汽车制动系统经历了从机械到液压再到电子（ABS/ESC）的进化过程，未来的发展趋势将是线控制动。

1. 制动技术的发展

未来汽车在电动化和智能化趋势下，制动系统的响应时间尤为重要，线控制动响应更快，是实现自动驾驶安全的重要保障。

传统制动系统以真空助力 + 液压系统为核心，产品成熟度高。传统制动系统的制动过程是利用真空源（燃油汽车是真空助力器，纯电动车是电子真空泵）推动主缸，借助制动液在制动器上产生制动力。制动系统是使汽车的行驶速度可以强制降低的一系列专门装置，如图 3-2 所示。

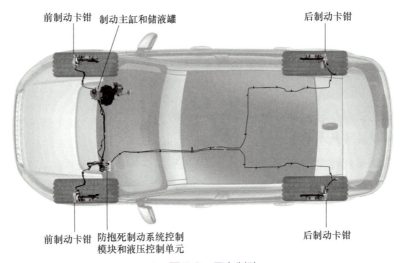

▲ 图 3-2 压力制动

线控制动系统执行信息由电信号传递，制动压力响应快，因此，制动距离短、安全。制动系统不仅为了满足制动性能要求，更多地是为了追求高效能、可靠性、集成化等特性。发展至今，线控制动技术在 F1 赛车上的应用已经非常成熟，但因其成本及技术问题，并未在乘用车上普及。如果制动踏板仅仅连接一个制动踏板位置传感器，踏板与制动系统之间没有任何刚性连接或液压连接的，都可以视为线控制动。

随着高级驾驶辅助系统在传统车辆上的应用，自适应巡航、自动紧急制动等功能的实现都需要使用线控制动功能。为满足使用需求，像博世公司的车身电子稳定系统（ESP）与 Continental 公司的车辆电子稳定控制系统都开始支持自适应巡航和自动紧急制动功能，目前，在 L2 级自动驾驶及以下的常规车辆中一般采用的是基于车辆电子稳定控制系统的线控制动系统。这样，传统车辆在制动执行部分只需升级车辆电子稳定控制系统的版本就可以实现线控制动功能。

早期的宝马 M3 曾经采用过线控制动这种制动方式，但是受制于当时电子系统可靠性、耐用性以及成本，后来新款的 M3 换回了传统制动。目前，捷豹路虎品牌中的 PHEV 和 MHEV 配备了集成动力制动系统。长城品牌中魏牌蓝山 DHT PHEV 配备的线控制动系统是集成式制动控制系统（IBC）。集成式制动控制系统是一种主动安全系统，它的主要作用是最大限度地利用地面附着力，保持汽车的可操纵性和行驶的稳定性，并提供电子助力和更优的踏板感、更好的舒适性表现。集成式制动控制系统在防抱死制动系统、牵引力控制系统和车辆行驶动态控制系统（VDC）的基础上，又集成了液压紧急辅助制动（HBA）、上坡辅助功能（HHC）、陡坡缓降功能（HDC）、防侧翻功能（RMI）、自动驻车功能（AVH）、减速度控制（CDP）等功能。集成式制动控制系统在保证了车辆安全的前提下，更提升了车辆的舒适性。

自动驾驶技术的发展推动了线控制动技术的进一步发展。线控制动是自动驾驶汽车"控制执行层"中最关键的，也是技术难度最高的部分。

2. 线控制动分类

由于技术发展程度的局限，目前，出现了液压式线控制动系统（Electro Hydraulic Brake，EHB）和机械式线控制动系统（Electro Mechanical Brake，EMB）两种形式的线控制动系统。线控制动系统的形式如图3-3所示。

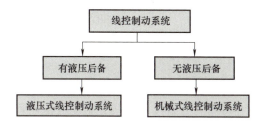

▲ 图3-3 线控制动系统的形式

（1）液压式线控制动系统 液压式线控制动系统以传统的液压制动系统为基础，用电子器件取代了一部分机械部件的功能，使用制动液作为动力传递媒介，控制单元及执行机构布置比较集中，有液压备份系统，也可以称为集中式、湿式制动系统。

（2）机械式线控制动系统 机械式线控制动系统采用电子机械装置代替液压管路，执行机构通常安装在轮边，也可称为分布式、干式制动系统。

现代的汽车电子化程度越来越高，新能源汽车和自动驾驶汽车的发展进一步加快了这种趋势。机械式线控制动系统与液压式线控制动系统相比，最大的不同就是所有液压装置都被电子机械系统替代了，它取消了使用了100多年的制动液压管路，而是采用电动机直接给制动碟施加制动力。由于液压式线控制动系统以液压为制动能量源，液压的产生和电控化相对来说比较困难，不容易做到和其他电控系统的整合；而且液压系统的质量对轻量化不利。在汽车越来越像电子产品的今天，液压式线控制动系统的优点并没有盖过它的缺点，所以，液压式线控制动系统的大面积普及并不被看好。

未来可能成为主流的线控制动系统将是机械式线控制动系统，但机械式线控制动系统技术在汽车上的应用并不成熟，短期内难以量产。下面重点介绍机械式线控制动系统的优点和目前发展的制约因素。

1）无液压备用制动系统，对可靠性要求极高，包括稳定的电源系统、更高的总线通信容错能力和电子电路的抗干扰能力。

2）制动力不足。因轮毂处布置体积决定制动电动机不可能太大，需开发配备较高电压（如48V）系统提高电动机功率。

3）工作环境恶劣，特别是高温。因属于簧下部件，振动高，且制动温度达几百摄氏度，制约现有机械式线控制动系统零部件的设计。例如：因空间限制，制动电动机只能采用永磁式，而最好的磁王钕铁硼（N35牌号）工作上限为80℃，310℃时磁性消失，制动电动机无法工作。例如：机械式线控制动系统部分半导体需工作在制动片附近，不能承受几百摄氏度的高温，且因体积限制难以配置冷却系统。

二、线控制动系统的结构与工作原理

线控制动系统分为两条技术路线：一条是需要制动液作为压力传递介质的线控制动系统，称为液压式线控制动系统，另一条是纯机械电子系统，即没有制动液参与的线控制动系统，称为机械式线控制动系统。

1. 液压式线控制动系统的结构与工作原理

液压式线控制动系统以传统的液压制动系统为基础，用电子器件取代了一部分机械部件的功能。与飞机的制动系统类似，其制动踏板和制动缸没有任何机械连接，驾驶人的制动动作被踏板上的传感器转化成电子信号，或由环境感知传感器检测到障碍物，车载计算平台发送制动请求，电控单元接收到信号后，命令液压执行机构完成制动的操作。液压式线控制动系统能根据路面的附着情况和转速，为每个车轮分配合理的制动力矩，从而可以充分地利用车轮和地面之间的摩擦力，使制动距离更短，制动过程更安全。典型的液压式线控制动系统由踏板模拟单元、电控单元和执行器机构等组成，如图3-4和图3-5所示。正常工作时，制动踏板与制动器之间的液压连接断开，备用阀处于关闭状态。电子踏板配有踏板感觉模拟器和电子传感器，电控单元可以通过传感器信号判断驾驶人的制动意图，并通过电动机驱动液压制动泵进行制动。电子系统发生故障时，备用阀打开，液压式线控制动系统变成传统的液压制动系统。备用系统增加了制动系统的安全性，使车辆在线控制动系统失效时可以进行制动，但是由于备用系统中仍然包含复杂的制动液传输管路，使液压式线控制动系统并不完全包含线控制动系统产品的优点。

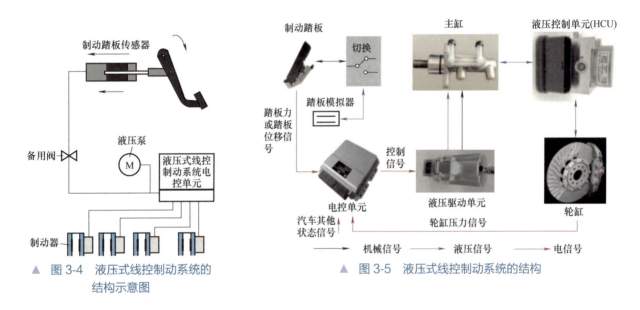

▲ 图3-4 液压式线控制动系统的结构示意图

▲ 图3-5 液压式线控制动系统的结构

在智能网联汽车中，当选用自动驾驶模式时，驾驶人踩制动踏板的人工驾驶操作，将变为计算平台向整车控制器发送制动意图的自动驾驶操作，即计算平台根据环境感知传感器反馈的路况等信息，向整车控制器发送请求制动信号，整车控制器经分析后将制动信号发送给液压式线控制动系统电控单元，电控单元通过电动机驱动液压制动泵进行制动。

液压式线控制动系统具备以下特点：

优点：

① 传统的制动系统在长期使用后，由于各部件的磨损和变形，会导致制动性能的衰退。而液压式线控制动系统会利用算法弥补部件的磨损和变形，使制动性能长期处于良好状态。

② 液压式线控制动系统可以根据各车轮的转速和附着力为其分配最恰当的制动力矩，这就做到了制动的高度灵活性和高效性。

③ 液压式线控制动系统不但能够提供高效的常规制动功能，还能发挥包括防抱死制动系统在内的更多辅助功能。

缺点：

由于液压式线控制动系统以液压为制动能量源，液压的产生和电控化相对来说比较困难，不容易做到和其他电控系统的整合，而且液压系统的质量对轻量化不利。

2. 机械式线控制动系统的结构与工作原理

液压式线控制动系统虽然实现了线控制动功能，但是仍然依靠液压系统动作。在机械式线控制动系统中，所有的液压装置，包括主缸、液压管路、助力装置等均被电子机械系统替代，液压盘和鼓式制动器的调节器也被电动机驱动装置取代，如图3-6所示。机械式线控制动系统是名副其实的线控制动系统。

机械式线控制动系统主要由车轮制动模块、中央电控单元和电子踏板模块等组成，其控制框图如图3-7所示。

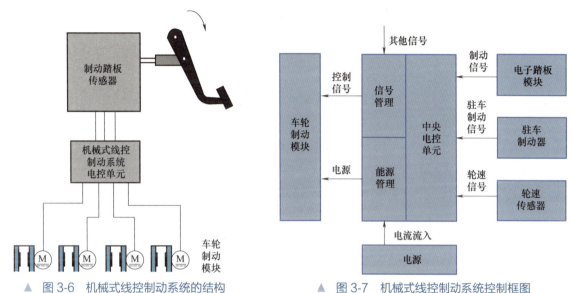

▲ 图3-6 机械式线控制动系统的结构　　　　▲ 图3-7 机械式线控制动系统控制框图

（1）车轮制动模块　车轮制动模块由制动执行器和制动执行器电控单元等组成。其中，制动执行器有两种设计方案：一是集成了力或力矩传感器；二是无集成力或力矩传感器。第一种方案可省去对制动力或制动力矩的计算，使系统变得更准确、可靠。但力或力矩传感器价格昂贵，而且集成困难。第二种方案需要根据电流或电动机转子转角来估算制动夹紧力。但由于外界环境温度的变化及磨损的影响，不可能只根据电流或电动机转子转角来计算夹紧力，需将两者结合起来才能收到好的效果。

（2）中央电控单元　中央电控单元的作用是接收制动踏板发出的信号，控制制动器制动；接收驻车制动信号，控制驻车制动；接收轮速传感器信号，识别车轮是否抱死、打滑等；控制车轮制动力，实现防抱死和驱动防滑。

（3）电子踏板模块　机械式线控制动系统取消了传统液压制动系统中机械式传力机构和真空助力器，取而代之的是踏板模拟器。它将作用在踏板上的力和速度转化为电信号，输送到中央电控单元。踏板模拟器的输入、输出特性曲线应很好地符合驾驶人的驾驶习惯，并根据人机工程学设计，以提高舒适性和安全性。目前，已经应用的机械式线控制动系统相对以前制动系统的最大改进就是采用了踏板模拟器，有效地提高了制动响应速度。

机械式线控制动系统与液压式线控制动系统同理，在智能网联汽车中，当选用自动驾驶模式时，驾驶人踩制动踏板的人工驾驶制动操作，变为计算平台向整车控制器发送制动意图的自动驾驶操作，整车控制器将制动意图发送给机械式线控制动系统电控单元，进而实现对汽车的制动。

与传统的液压制动系统相比，机械式线控制动系统具有以下优点：

① 由于制动执行器和制动踏板之间无液压和机械连接，大大减少了制动器的作用时间，进而有效地缩短了制动距离。

② 安装更简单、快速，无须制动液，有利于环保，也有助于提高系统的再利用性，同时减小了系统的质量。

③ 无常规制动系统的真空增压器，减少了所需的空间，底盘布局更加灵活。

④ 制动踏板可调，舒适性和安全性更好。

⑤ 在防抱死制动系统模式下踏板无回弹振动，几乎无噪声。

⑥ 可实现所有制动和稳定功能，如防抱死制动系统、电子制动力分配（EBD）、牵引力控制系统、车身电子稳定系统、BA、自适应巡航系统等。

⑦ 可方便地与未来的交通管理系统联网。

基于上述种种优点，机械式线控制动系统技术肯定会得到大力发展，未来会向液压制动系统发起强有力的挑战。虽然机械式线控制动系统在原理和功能上有着非常突出的优势，符合电子化的潮流，前景一片看好，但在技术上还有一些难点需要攻克：

① 由于去除了备用制动系统，机械式线控制动系统需要很高的可靠性，必须采用比液压式线控制动系统更可靠的总线协议。

② 由于制动能量需求较大，需要开发大功率的42V高压电系统。

③ 制动器需要具有更好的安全性和可靠性，例如耐高温性等。

④ 需要更好的抗干扰能力，抵制车辆运行中遇到的各种干扰信号。

3. 液压式线控制动系统与机械式线控制动系统的差异

液压式线控制动系统和机械式线控制动系统在传力路径上有很大不同，工作原理和特性也有差别。

液压式线控制动系统仍然保留了制动液，包含复杂的制动液传输管路，系统液压管路布置复杂且难以集成驻车制动；虽然液压式线控制动系统能完全独立于制动踏板而进行制动，但是其物理电路没有延伸到车轮制动器，仍需要制动液将制动能量从蓄能器传递到制动轮缸，连续制动时，由于高压蓄能器压力的衰减，维持响应速度与精度能力均不及机械式线控制动系统，使液压式线控制动系统并不完全具备线控制动系统产品的优点，液压式线控制动系统并非终极方案。

液压式线控制动系统是从传统液压制动系统进化而来的，具有冗余系统，易于实现失效备份。一旦线控失效之后，制动液还会从正常的液压管路进入轮缸，可以提供部分的制动效能，使车辆在线控制系统失效时还可以进行制动。安全稳定才是制动系统的第一要务，液压式线控制动系统高安全性在用户的可接受性方面更具优势。液压式线控制动系统兼具液压制动系统高制动增益系数和线控制动的优点，可以实现新能源车所需要的协调式制动策略，是现阶段的首选方案，是当前主要推广量产的方案，目前已实现应用。

机械式线控制动系统将传统制动系统中的液压油或空气等传力介质完全由电制动取代，直接将输入与终端执行之间的部件全部简化，因此只有机械式线控制动系统是完全的线控制动，因结构简单、制动效果好、易于与其他电控功能集成在一起，与液压式线控制动系统相比，机械式线控制动系统是更优的方案。它不以制动液为工作介质，控制响应更加迅速精确，逐渐成为汽车制动系统的研究热点。虽然机械式线控制动系统具有诸多优点，但机械式线控制动系统没有机械冗余，如果一旦执行机构或者机械式线控制动系统出现故障，常规制动可能就没有了，没有熔丝措施，在安全性上面会有一些顾虑。机械式线控制动系统须具有很高的设备可靠性、总线协议和抗信号干扰能力，尤其是需要解决车载电源失效问题。机械式线控制动系统在理论上是完美的，但由于技术条件较高，成本较高，冗余备份，电动机性能等限制，还需完善。目前，机械式线控制动系统还处在研究阶段，还不具备进入市场的条件。

线控化的液压式线控制动系统是最为可行的制动系统方案。机械式线控制动系统是未来制动系统的发展方向，是线控制动最终形态。

液压式线控制动系统与机械式线控制动系统主要不同点如下：

1）机械式线控制动系统减少机械连接件和阀类元件，一方面使结构更加紧凑，减轻车重，提供更大的内部空间，便于布置、装配和维修；另一方面电信号传递更迅速、高效。

2）机械式线控制动系统需要对底盘进行更大范围的改造，造价高。

3）机械式线控制动系统不存在液压油泄漏问题，蓄电池更加安全。

4）机械式线控制动系统便于集成其他电控系统，如防抱死制动系统、车身电子稳定系统、自动驾驶、能量回收等。

5）液压式线控制动系统可以打开液压管路备用阀作为其中一道安全失效模式，机械式线控制动系统没有机械冗余。

三、典型线控制动系统的应用

1. 典型液压式线控制动系统的应用

国外于20世纪90年代就进行了液压式线控制动系统的研究。比较典型的产品有博世公司的iBooster系统、丰田旗下爱德克斯公司的ECB系统、大陆公司的MKC1系统等，目前这些产品在中国市场已开始批量装车。

国内的研究起步较晚，研究基础薄弱，起步于2009年左右，相关研究主要集中在清华大学、吉林大学、同济大学、北京航空航天大学等著名高校，以及亚太机电、万向、伯特利等主要的汽车零部件企业。近年来，虽然液压式线控制动系统的研发工作有一定进展，但离产业化应用仍需要一定的时间。

在国内电动汽车比例不断提升、智能辅助驾驶和自动驾驶逐步推进，以及外资品牌液压式线控制动系统开始批量装车的趋势下，在电动汽车上，液压式线控制动系统替代车辆电子稳定控制系统的步伐将比车辆电子稳定控制系统替代防抱死制动系统来得更快，甚至很多电动汽车将从防抱死制动系统跳过车辆电子稳定控制系统直接搭载液压式线控制动系统。液压式线控制动系统市场前景广阔，已经成为零部件企业竞相研发的热点。

（1）博世iBooster 博世公司近年陆续推出了两代新型智能助力器iBooster，其结构如图3-8所示。与传统的真空助力产品相比，iBooster外形结构与整车、液压管路及防火墙接口相同，不同之处是采用智能线控电助力工作原理，数据交换处理能力更强大，动态增减压性能更优良，制动距离更短，可满足制动能量回收和自动驾驶制动需求，踏板感觉良好。目前，iBooster在特斯拉全系、大众全部新能源汽车、保时捷918、凯迪拉克CT6、雪佛兰Boff和Volt、本田CRV、法拉第未来FF91、比亚迪E6及蔚来ES8等车型上得到应用。

▲ 图3-8 iBooster的结构

iBooster的工作原理如图3-9所示。驾驶人踩制动踏板开始制动时，iBooster的踏板位移传感器检测到输入杆位移，并将位移信号发送至电控单元，电控单元计算出电动机转矩需求，再由传动装置将该转矩转化为伺服制动力，伺服制动力与踏板输入力在制动主缸内共同转化为制动液压力。iBooster采用齿轮-梯形丝杠减速增矩机构，将电动机的转动转化为制动主缸活塞的直线运动，建立制动压力。制动踏板推杆与执行机构制动主缸活塞推杆之间通过间隙的方式进行一定程度的解耦。

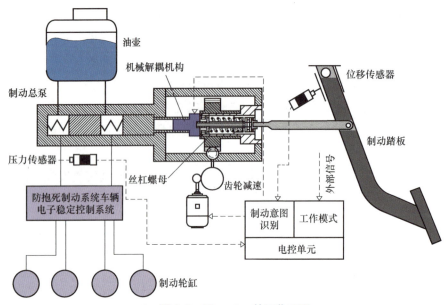

▲ 图 3-9 iBooster 的工作原理

（2）亚太机电集成式电液线控制动系统　集成式电液线控制动系统（Integrated Electronic Hydraulic Brake System，IEHB）集成了防抱死制动系统、车辆电子稳定控制系统等电子制动系统的功能，同时可以摒弃真空助力器，将制动主缸集成一体，如图 3-10 所示。集成式电液线控制动系统采用液电一体化控制实现对各轮缸的制动力独立且线性控制，实现协调式制动能量回收功能。

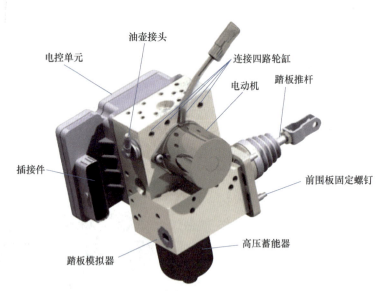

▲ 图 3-10 集成式电液线控制动系统总成的结构

集成式电液线控制动系统增加状态下的液压原理如图 3-11 所示。

① 主缸制动液进入踏板模拟器。

② 电机泵和高压蓄能器提供高压供液源。

③ 通过电磁阀控制直接给 4 个轮缸建压。

④ 耦合阀为常开阀，失效时可以提供减速度的常规制动。

⑤ 集成了车辆电子稳定控制系统模块，压力建立单元和调节单元一体化设计，体积更小，布置方便。

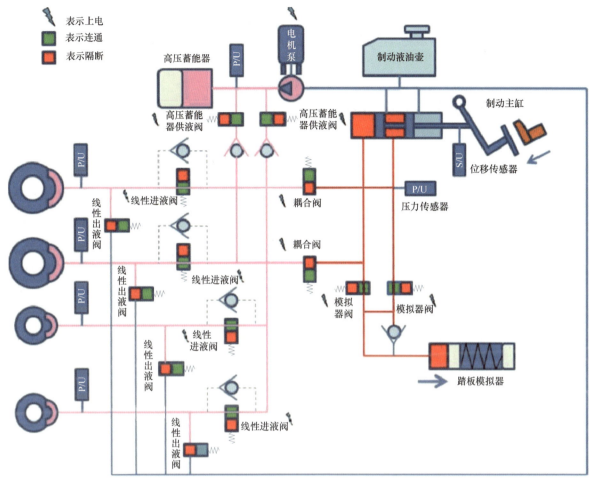

▲ 图 3-11 集成式电液线控制动系统增加状态下的液压原理

⑥ 完全机械解耦方案提供高效的制动能量回收。

⑦ 踏板模拟器末端有预置弹簧，根据预紧程度可调踏板感。

(3) 大陆 MKC1　针对高度自动驾驶要求，2016 年 7 月，大陆集团为阿尔法罗密欧 Giulia 新款车提供了集成式制动系统，即 MKC1 制动系统。这是在全球范围内首次投入量产的系统，如图 3-12 所示。MKC1 制动系统用高性能电动机取代真空助力器、电子真空泵、液压制动泵及蓄能器等部件，通过齿轮机构驱动活塞直线运动，以产生制动主缸压力，制动踏板采用解耦设计，建压过程与制动踏板分离，踏板感觉由执行模块中的弹簧缓冲器产生，可根据整车调整，还可按照不同行驶情况或操作模式单独调整，能在无须任何附加措施条件下，实现再生制动与舒适性完美统一。

▲ 图 3-12　MKC1 制动系统的结构

MKC1 制动系统具有以下优势及特点：
① 无真空、电液、按需制动的线控制动系统。
② 集成制动助力与制动建压机构。
③ 相比传统制动系统，体积更小，减重30%，布置空间减小。
④ 建压能力高，制动速度快，适用于AEB。
⑤ 提升燃油经济性，减少碳排放。
⑥ 踏板感觉灵活可调。

2. 典型机械式线控制动系统的应用

由于缺乏足够的技术支持，目前市场上并没有批量装车的机械式线控制动系统产品。自20世纪90年代开始，国外的一些著名汽车零部件制造商相继进行了机械式线控制动系统研发工作，如德国博世、德国西门子、美国天合、德国大陆特维斯、德国德尔福、瑞典斯凯孚、瑞典瀚德、韩国现代及万都等公司都取得了相关研究成果，申请了专利，并进行了实车试验。我国仅有清华大学、北京理工大学、吉林大学、同济大学、南京航空航天大学等高校以及亚太机电、万向等零部件企业做了一些研究工作。

综上可知，液压式线控制动系统技术成熟，市场前景广阔，目前已占研发和应用的主流。而机械式线控制动系统受技术条件限制，还未在智能网联汽车上批量应用，但机械式线控制动系统的制动具有响应高、布局空间灵活及安全性、舒适性、稳定性好等优点，将是自动驾驶线控制动的发展趋势。本书后续关于线控制动系统的装配、调试与故障检修均以液压式线控制动系统为例。

四、集成动力制动系统

1. 集成动力制动系统概述

集成动力制动系统是一个包含动力辅助和调节功能的机电操作的制动系统。集成动力制动系统不使用真空供应来提供动力辅助。集成动力制动系统是一个机电单元，可将驾驶人施加的制动需求转换为放大的制动压力。集成动力制动系统还可用作电子稳定控制单元，提供防抱死制动控制、牵引控制和稳定性控制功能。

集成动力制动系统是一个线控制动系统。在该系统中，驾驶人踩下制动踏板时所产生的力不会被传递至基础制动系统从而使其运行。当驾驶人踩下制动踏板时，该系统可感测到输入杆行程，然后根据此输入杆行程得出目标制动压力。集成动力制动系统控制模块将据此计算电动机的驱动信号，电动机通过齿轮组产生液压活塞的移动，产生的液压压力通过制动液被传输至车轮制动器。

在配备集成动力制动系统的车辆上，驾驶人通过换档模块（GSM）发出档位选择请求。然后，通过高速（HS）控制器局域网（CAN）车身底部系统总线，该档位选择请求被发送至集成动力制动系统控制模块。集成动力制动系统通过FlexRay将此请求转发至变速器控制模块（TCM）。

如果车辆电网发生故障，集成动力制动系统仍可提供减速。集成动力制动系统通过一个机械推入式装置可实现制动踏板与主缸之间的直接连接。与线控制动模式相比，该模式可能需要经过更长的制动踏板行程和更大的制动踏板力才能达到同等的减速水平。液压机械助力制动期间的减速能力（在制动踏板力相同的情况下）低于完全运行的系统的减速能力，并且未提供稳定功能。

集成动力制动系统具有线控制动模式、机械液压助力模式和空气或泄漏系统测试模式3种操作模式。其中，线控制动模式有驾驶人制动、带防抱死制动功能的驾驶人制动、静止管理和外部制动请求（例如来自自适应巡航系统的制动请求）4种形式。集成动力制动系统提供多项归类为驾驶人辅助系统的制动功能。

2. 制动踏板和加速踏板

制动踏板安装在连接到发动机隔板后侧的支架内,如图 3-13 所示。球形和杯形接口将制动踏板连接至集成动力制动系统的推杆。配备集成动力制动系统的车辆没有制动踏板开关,制动踏板信号集成在集成动力制动系统中,由集成在集成动力制动系统控制模块中的软件计算此信号。

当踩下踏板时,集成动力制动系统控制模块输出 2 个 12V 信号,以再现踏板开关的输出。这些输出被发送至动力传动系统控制模块(PCM)和车身控制模块(BCM)/网关控制模块(GWM)。此外,集成动力制动系统通过 FlexRay 将请求发送至车身控制模块/网关控制模块。

加速踏板位置(APP)传感器位于加速踏板上。通过 2 个位于加速踏板位置传感器中的电位计将加速踏板需求传输至动力传动系统控制模块。

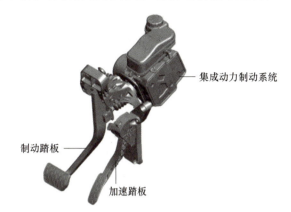

▲ 图 3-13 MKC1 制动系统的结构

3. 集成动力制动系统的组成

集成动力制动系统位于发动机舱的驾驶人侧,是一个无真空的制动系统解决方案。集成动力制动系统的组成如图 3-14 所示。

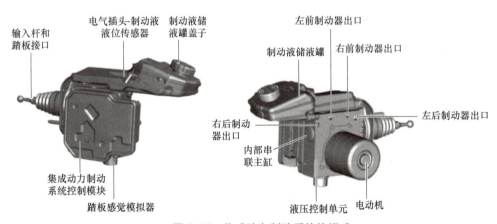

▲ 图 3-14 集成动力制动系统的组成

集成动力制动系统包括:①压力模块,它包括 1 个电动机、转子位置传感器、齿轮组和柱塞;②电控单元,用于控制集成动力制动系统;③液压单元,集成了 1 个串联主缸及其输入杆、1 个踏板感觉模拟器、多个阀门和传感器;④接口板,用于将集成动力制动系统连接至车辆;⑤踏板接口,用于将集成动力制动系统与制动踏板耦合;⑥接口,用于将集成动力制动系统连接至制动液储液罐;⑦4 个液压端口,用于将集成动力制动系统连接至车轮制动卡钳。

集成动力制动系统根据踏板行程传感器和踏板感觉模拟器检测到的驾驶人制动请求来控制电动机。电动机在柱塞的帮助下传输转矩,从而产生输出压力。

液压控制单元(HCU)采用串联设计,可为 2 个独立的(主和辅)液压回路提供压力。液压控制单元中的主管路为 2 个单独的出油口提供液压压力,1 个前制动器和 1 个后制动器。辅助管路为其他前制动器和后制动器的 2 个单独出油口提供液压压力。当 1 个液压回路中出现故障时,其余的回路仍可有效运行。制动踏板行程和车辆制动距离增加。

制动液储液罐安装在液压控制单元的顶部，并保留足够的液压油量，以供线控系统使用。同时，当制动片磨损时，还有足够的制动液补给系统。制动液液位传感器整合在制动液储液罐体内。

集成动力制动系统根据集成在集成动力制动系统控制模块中的控制算法处理从传感器接收的信息。这些计算的结果组成发送给液压控制单元的控制信号。液压控制单元根据功能要求增加和降低车辆制动器中的压力。

预成型的刚性制动管将来自液压控制单元的压力分配到车辆的 4 个角。挠性软管将制动管连接到前、后制动卡钳。

集成动力制动系统接收来自以下传感器的信号：

（1）**轮速传感器** 车轮的转速是控制系统的一个重要输入变量。轮速传感器检测车轮转速，并将电气信号传输给控制单元。转速信号用于计算车轮与路面之间的打滑程度。4 个轮速传感器通过硬接线连接至集成动力制动系统控制模块。

（2）**转向角传感器** 集成动力制动系统选择性地在单个车轮上施加制动，以尝试将车辆保持在用户选择的所需方向。转向角是确定用户选择所需方向的重要输入。转向角传感器模块（SASM）通过 HS CAN 底盘系统总线将信号发送至集成动力制动系统控制模块。

（3）**偏航率传感器和横向加速度传感器** 偏航率传感器和横向加速度传感器的信号用于计算车辆的实际运动。如果用户选择的所需方向与车辆的实际运动有很大差异，集成动力制动系统将尝试通过选择性地施加制动来纠正车辆运动。约束控制模块（RCM）通过 HS CAN 底盘系统总线将信号发送至集成动力制动系统控制模块。

4. 集成动力制动系统的模式

集成动力制动系统在使用时，要确保储液罐中有适量的制动液。制动液液位传感器可以检测储液罐中制动液的多少。储液罐中的液压油降到预定的低液位时，开关触点打开。开关向集成动力制动系统提供信号。然后，集成动力制动系统通过车身控制模块/网关控制模块将 HS CAN 底盘系统总线信号发送至组合仪表盘控制模块（IPC）。接收到信号时，组合仪表盘控制模块使红色制动警告指示灯亮起。信息中心将显示严重警告指示灯（红色警示三角形）和消息"制动液液位过低"。

（1）**线控模式 - 驾驶人制动** 当车辆处于电源模式 6（起动开关打开）时，集成动力制动系统默认为线控模式，如图 3-15 所示。在该系统中，驾驶人踩下制动踏板时所产生的力不会被传递至基础制动系统从而使其运行。线控模式中各部件名称见表 3-1。

当驾驶人踩下制动踏板时，会感测到踏板行程传感器。可根据踏板行程传感器信号得出目标制动压力。同时：

回路分离阀关闭（驱动器与主制动回路分离）。

模拟器分离阀打开（反馈以提供与踏板感觉模拟器的连接，从而提供相关的踏板力）。

柱塞分离阀打开。该操作使制动液进入基本制动回路，从而积聚压力。

柱塞向基本制动回路提供油液和压力。在驾驶人制动期间，制动液流经进口阀到达每个车轮，出口阀保持关闭。

电动机和柱塞可降低制动液压力。此操作由集成动力制动系统控制模块进行控制。

插电式混合动力电动汽车（PHEV）具有电子后轴驱动（eRAD）。通过 eRAD 产生再生转矩。再生转矩可能会取代部分或全部摩擦制动。当再生转矩减小时，摩擦制动将取代它，以保持车辆的总减速转矩。

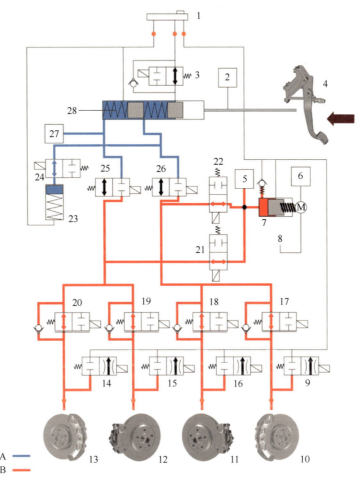

▲ 图 3-15 线控模式 - 驾驶人制动

表 3-1 线控模式中各部件名称

序 号	名 称	序 号	名 称
A	主缸和模拟器电路压力	11	左后制动卡钳
B	柱塞和车轮电路压力	12	右后制动卡钳
1	制动液储液罐	13	左前制动卡钳
2	踏板行程传感器	14	出口阀 - 左前制动卡钳
3	测试分离阀	15	出口阀 - 右后制动卡钳
4	制动踏板	16	出口阀 - 左后制动卡钳
5	压力传感器	17	进口阀 - 右前制动卡钳
6	电动机位置传感器	18	进口阀 - 左前制动卡钳
7	柱塞	19	进口阀 - 右后制动卡钳
8	电动机	20	进口阀 - 左后制动卡钳
9	出口阀 - 右前制动卡钳	21	柱塞分离阀 -2
10	右前制动卡钳	22	柱塞分离阀 -1

(续)

序 号	名 称	序 号	名 称
23	踏板感觉模拟器	26	回路分离阀-1
24	模拟器分离阀	27	踏板压力传感器
25	回路分离阀-2	28	主缸

（2）线控模式-外部制动请求　集成动力制动系统能够在没有驾驶人输入的情况下，根据外部请求建立压力，如图3-16所示。例如，自适应定速巡航时发生以下操作：没有踩下制动踏板，回路分离阀关闭，柱塞分离阀打开，激活电动机以移动柱塞并产生压力。

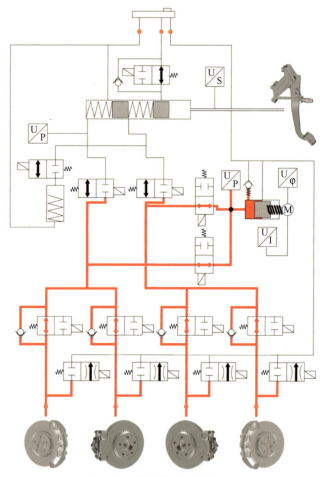

▲ 图3-16　线控模式-外部制动请求

（3）集成动力制动系统-机械备用模式　在制动力相同的情况下，机械备用模式下的减速能力低于线控模式下的减速能力。在机械备用模式下，车辆没有稳定功能，如图3-17所示。此外，为达到所请求的减速，所需的制动踏板行程高于线控模式。

如果车辆电网发生故障，集成动力制动系统仍可提供减速。集成动力制动系统与踏板和主缸进行机械连接。与线控模式相比，在机械备用模式下，可能需要经过更长的踏板行程和更大的踏板力才能达到同等的减速水平。

在机械备用模式下，柱塞分离阀、模拟器分离阀和出口阀常闭，因为没有电源可用。进口阀和回路分离阀常开，以便手动通过踏板行程对油液加压。

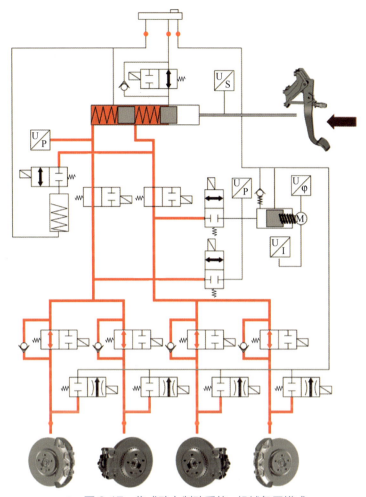

▲ 图 3-17　集成动力制动系统 - 机械备用模式

松开制动踏板后，制动液可通过内部主缸流回储液罐。

（4）诊断　防抱死制动系统控制模块记录任何故障诊断码（DTC）和相关数据。使用车辆认可的诊断设备读取故障诊断码和相关数据。集成动力制动系统控制如图 3-18 所示。其中各部件名称见表 3-2。

5. 静止管理

（1）车辆静止时的节能及减载策略　像使用传统制动系统那样，驾驶人可踩下连接到集成动力制动系统的制动踏板，使车辆保持静止。但是，驾驶人需要的制动压力通常大于实际保持车辆静止所需的制动压力。集成动力制动系统的电流消耗取决于所需的制动压力。当车辆静止时，集成动力制动系统可能会将制动压力降至低于驾驶人要求的水平。集成动力制动系统可保持车辆静止，但会降低集成动力制动系统消耗的电量。

集成动力制动系统可在长时间保持静止时降低功耗，并降低部件上的负载。集成动力制动系统通过使用高于 25bar（1bar=101kPa）压力的液压制动器来实施此策略。间歇性地少量（约 3bar）增加压力，可减少电动机上的负荷。然后，电动机负载降低，使压力逐渐降低到其原始水平，然后再次提升到先前的值。驾驶人不会察觉到这种情况。

如果使用制动压力保持车辆静止超过 3min，柱塞分离阀可能会保持该压力。此时，电动机缩回到空载位置。压力需求增加会重新激活电动机并打开阀。在静止时，由于几乎没有背景噪声来掩盖阀启动的声音，敏感的驾驶人可能会察觉到阀启动的声音。

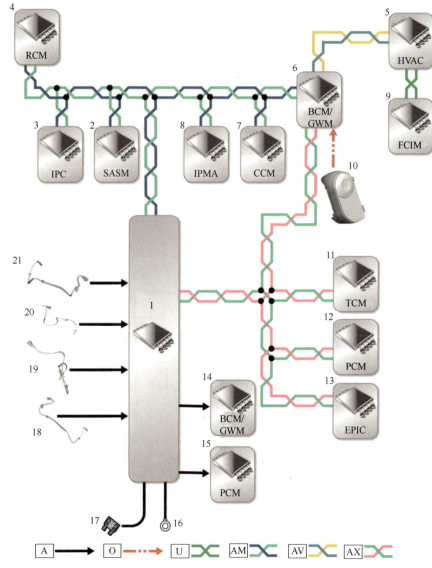

▲ 图 3-18 集成动力制动系统控制

注：A= 硬接线　O=LIN　U= 专用 CAN 总线　AM=HS CAN 底盘系统总线
AV=HS CAN 舒适系统总线　AX=FLEXRAY

表 3-2 集成动力制动系统控制中各部件名称

序　号	名　　　称	序　号	名　　　称
1	集成动力制动系统控制模块	9	FCIM（前控制接口模块）
2	SASM（转向角传感器模块）	10	右侧转向盘开关
3	IPC（组合仪表盘控制模块）	11	TCM（变速器控制模块）
4	RCM（约束控制模块）	12	PCM（动力传动系统控制模块）
5	HVAC 控制模块（HVAC）	13	电力变频转换器控制模块（EPIC）-eRAD
6	BCM/GWM（车身控制模块/网关控制模块）	14	BCM/GWM- 制动踏板激活信号
7	CCM（定速巡航系统模块）	15	PCM（动力传动系统控制模块）
8	IPMA（图像处理模块 A）	16	搭铁

(续)

序号	名称	序号	名称
17	电源	20	轮速传感器-右前
18	轮速传感器-左后	21	轮速传感器-右后
19	轮速传感器-左前		

（2）系统故障诊断与功能应用　设置故障诊断码的一些故障和警告灯通过查找怀疑有故障的制动回路来做出反应。为了确认故障是否已清除，在启动新的电源循环后，系统将重新测试自身。在系统依次重新测试每个回路时，用力踩住制动踏板可能会伴随阀的"咔嗒"声。这也将是维护检查的一部分，用于验证这些故障码的故障诊断码间隙。

如果驾驶人需要的制动压力高于驾驶人辅助系统或稳定性控制算法要求的制动压力，则集成动力制动系统会支持驾驶人的制动请求。集成动力制动系统能够在没有驾驶人输入的情况下，根据外部请求建立压力。例如，集成动力制动系统可能必须为自适应定速巡航或自动紧急制动功能提供支持。集成动力制动系统还能够在没有驾驶人输入的情况下根据内部请求建立压力，例如车身动态稳定控制系统（DSC）功能支持。

（3）系统自检　唤醒时以及在运行期间测试，不会对制动卡钳施加制动压力。集成动力制动系统执行多项自检。可将其分为3个区域，在集成动力制动系统控制模块唤醒时、在运行期间和在车辆关闭后。

1）在集成动力制动系统控制模块唤醒时。短暂激活电动机和柱塞，然后返回到开始位置：来自阀门和电动机的轻微噪声、振动、不平顺性（NVH）可能会影响到制动系统控制模块的唤醒。正常条件下测试持续时间通常为1~2s。

2）在运行期间。柱塞检查：在车速不低于15km/h且未踩下制动踏板的情况下，在每个点火循环时执行。预计不会感觉到噪声、振动、不平顺性影响。对制动踏板有一些轻微影响。如果在测试开始后踩下制动踏板，测试将中断。测试持续时间通常为4~5s，但在低环境温度下，尤其是低于0℃时，测试持续时间会延长。电动机检查：如果最近未激活电动机（20~30s），则会在行驶过程中循环运行测试。预计不会感觉到噪声、振动、不平顺性。测试持续时间通常为0.5s。

3）在车辆关闭后。如果未踩下制动踏板，将在进入运行后的5s内开始执行测试。执行柱塞检查和系统测试，以检查是否存在空气和制动系统泄漏。测试持续时间可能有所不同，通常为15~30s。

可能会感觉到来自电动机和阀门的轻微噪声、振动、不平顺性（车辆已关闭）。如果在测试开始后踩下制动踏板，测试将中断，但踏板感觉可能与正常使用时的感觉不同。

（4）系统自我保护　集成动力制动系统通过内部编程，保护自身免受可能使系统损坏的状况的影响。

在这些情况下，集成动力制动系统的动力辅助性能可能会下降或不可用。

1）过热。集成动力制动系统采用了热降级策略，可防止集成动力制动系统电动机和控制模块因高温而受损。如果集成动力制动系统内部温度传感器检测到温度介于120~135℃之间，工作电流将逐渐下降，进而导致动态性能降低。如果集成动力制动系统温度传感器检测到温度介于135~138℃之间，允许的电流将会进一步逐渐下降。工作电流将下降，直至在138℃时达到遵守法律要求所需的最低工作电流。如果集成动力制动系统温度介于138~142℃之间，允许的电流始终保持在符合法律要求的最小值。如果集成动力制动系统温度高于142℃，集成动力制动系统则会切换至机械备用模式。

2）电压过低或过高。如果电压过低或过高，集成动力制动系统控制模块将执行动力辅助降级策略。压力下降程度取决于可用的集成动力制动系统供电电压水平。正常工作电压介于 10~16V 之间，最小工作电压为 6.5V，最大工作电压为 27 V。电压不足降级介于 10~6.5V 之间，电压过高降级介于 16~27V 之间。超出此临界值（低于 6.5V 和高于 27V）时，集成动力制动系统切换至机械备用模式。

（5）**维护信息** 集成动力制动系统控制模块和液压控制单元构成一个部件，不得拆分。制动液储液罐及其密封件只是单独的维修零部件。

集成动力制动系统制动液储液罐的功能与传统串联主缸不同。根据集成动力制动功能，制动液循环流入储液罐，因此，在调节过程中压力可能会略微增大。因此，此功能包含在集成动力制动系统储液罐的盖子中。

集成动力制动系统以预加注状态提供。安装后，液压制动系统只需要常规放气。

安装后，液压制动系统需要使用车辆诊断设备执行以下操作：检查制动系统是否存在空气、校准，并清除其装配模式。与以前的系统不同，集成动力制动系统监测制动回路（驾驶人模拟器回路或车轮回路中）中是否存在空气。如果检测到故障，则必须在排气后使用故障诊断仪进行泄漏和空气测试例行程序清除该故障。

（6）**集成动力制动系统的错误使用** 驾驶人或车间人员的常见误用情况：在正常驾驶条件下激活测试工作台检测；在没有充足的冷却空气供应且温度过高的情况下使用；驾驶人导致的踏板过度振动；高作用力下的全时踏板应用；安装跌落过的集成动力制动系统；在系统中没有制动液或打开任何液压回路时，操作提供的集成动力制动系统。

任务实施

一、线控制动相关零部件认知

根据所学知识，并查阅车辆手册，写出各部件的名称。

1）写出下图中数字对应的各部件名称。

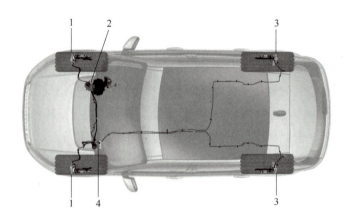

项 目	说 明
1	
2	
3	
4	

2) 查阅相关手册，写出下图中各部件的名称。

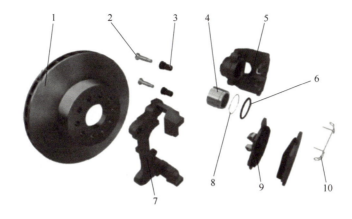

项 目	说 明
1	
2	
3	
4	
5	
6	
7	
8	
9	
10	

3) 在实车上，找到下图中所示的部件，并写出各部件的名称。

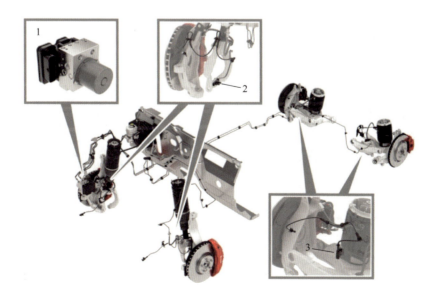

项　目	说　明
1	
2	
3	

二、集成动力制动系统单元拆装

1. 任务准备

操作设备：捷豹 F-PACE（X761）2022 实训车。

工具/仪器：诊断设备、常用拆装工具套装、橡胶锤等。

人员分工：组长 1 名，记录人员 2 名，检验人员 2 名，操作人员若干。以上人选角色可通过选举、自荐或教师指定等来担任。通过多个任务的训练，争取让每个学生轮流担任每个角色，最终提升学生的综合能力。

实训场地：智能网联汽车线控技术实训室。

2. 实施步骤

拆卸之前需要注意：断开任何部件的连接之前，确保该区域洁净且无异物。断开连接时，所有开口必须进行密封。制动液会损坏喷漆的表面。如果溢出，应立即清除制动液并用水清洗该区域。用双手握住此单元：液压壳体和电动机或液压壳体和适配器板。切勿通过储液罐、电控单元插头或输入杆进行搬运。避免输入杆侧负载超过 75N。

参照以下操作步骤进行集成动力制动系统单元拆卸技能训练：

1）连接诊断设备，为集成动力制动系统单元启用装配模式。

2）断开蓄电池电源负极连接。

3）依次拆下辅助隔板左外侧面板，拆除风窗玻璃刮水器电动机。

4）断开 2 个电气插头，松开接线线束卡夹，如图 3-19 所示。

5）拆下制动液储液罐盖，如图 3-20 所示。从集成动力制动系统单元储液罐尽可能多地取出制动液。安装制动液储液罐盖。

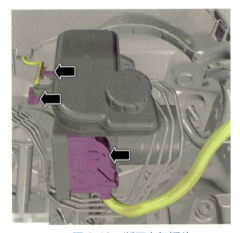
▲ 图 3-19　断开电气插头

▲ 图 3-20　抽取制动液

6）断开 4 根制动管的连接，如图 3-21 所示。将 4 个制动管重新定位到一边，以帮助拆卸部件。在拆下部件之前，先记下制动管的正确顺序。液压油流失是不可避免的，采用吸油布或容器收集液压油。

务必小心，以避免在拆卸过程中损坏制动管。

7）拆下 3 个卡夹，如图 3-22 所示。

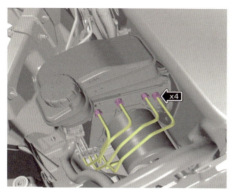
▲ 图 3-21 断开 4 根制动管的连接

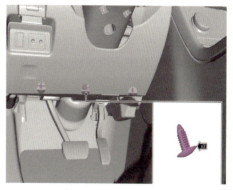
▲ 图 3-22 拆下 3 个卡夹

8）松开 2 个卡夹，断开电气插头，拆下仪表盘的下部盖板，如图 3-23 所示。

9）使用合适的工具切割制动踏板输入杆固定笼，将制动踏板重新定位到远离集成动力制动系统输入杆的位置，拆下固定笼，如图 3-24 所示。切勿使用工具压缩卡夹的固定凸耳，这样将会损坏固定槽，进而影响牢固安装新卡夹。收集碎片。

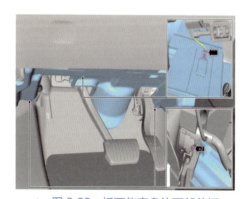
▲ 图 3-23 拆下仪表盘的下部盖板

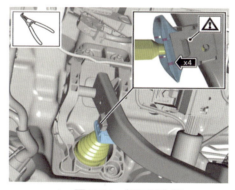
▲ 图 3-24 拆下固定笼

10）在他人帮助下，拆下 2 个螺母。拆下集成动力制动系统单元，如图 3-25 所示。在拆下固定螺母时，必须将集成动力制动系统单元固定到位。不遵守这一指令可能导致部件损坏。

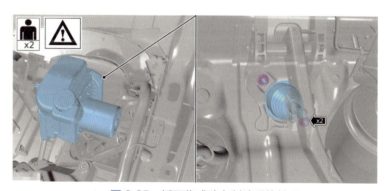
▲ 图 3-25 拆下集成动力制动系统单元

11）使用塑料刮刀清除所有集成动力制动系统单元至车身的密封件残留物，如图 3-26 所示。如果要重新安装集成动力制动系统单元，应使用塑料刮刀从部件接合面上去除剩余的密封垫。塑料刮刀是集成动力制动系统单元安装套件的一部分。

如果要退回集成动力制动系统单元进行检查，则在安装新部件后，保留并安装从车辆上拆下的储液罐、密封件和螺栓。用端口塞封住端口，并更换维修部件的包装。

参照以下操作步骤进行集成动力制动系统单元安装技能训练：

1）将新密封垫安装到集成动力制动系统单元上，如图3-27所示。如果已拆下此部件以便检修，才需要执行此步骤。新密封垫是集成动力制动系统单元安装套件的一部分。

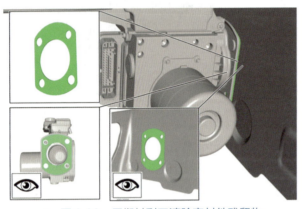
▲ 图 3-26 用塑料刮刀清除密封件残留物

▲ 图 3-27 安装新密封垫

2）安装集成动力制动系统单元，如图3-25所示。在他人帮助下，安装并拧紧2个新螺母。更换制动踏板安装螺母，新螺母的紧固力矩为24N·m。在拆下固定螺母时，必须将集成动力制动系统单元固定到位。不遵守这一指令可能导致部件损坏。应格外小心，以免损坏推杆防尘罩。确保接合面干净且没有杂质。

3）如果拆下集成动力制动系统单元仅仅是为了检修，继续执行步骤6）。如果要安装新的集成动力制动系统单元，继续执行通用制动液储液罐更换程序的下一步。

使用合适的注油器和软管，从新的集成动力制动系统单元制动液储液罐尽可能多地取出制动液。仅当安装了新的集成动力制动系统单元时，才需要执行此步骤。

4）拆下制动液储液罐紧固螺栓，如图3-28所示。仅当安装了新的集成动力制动系统时，才需要执行此步骤。

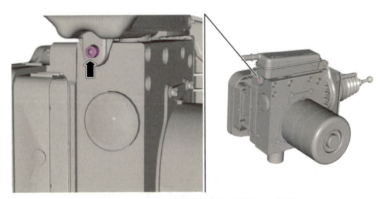
▲ 图 3-28 拆下制动液储液罐紧固螺栓

5）松开并拆下通用制动液储液罐，如图3-29所示。仅当安装了新的集成动力制动系统时，才需要执行此步骤。由于不可避免地会倒出少量制动液，应立即用清水清洁受影响的区域，并避免接触接头端子或打开的液压端口。避免水进入液压系统。

6）将 3 个新密封件安装到新的制动液储液罐上。仅当安装了新的集成动力制动系统时，才需要执行此步骤。更换集成动力制动系统储液罐密封件。将新的制动液储液罐安装到新的集成动力制动系统单元上，如图 3-30 所示。更换储液罐套件，确保密封件完全就位。

▲ 图 3-29　拆下通用制动液储液罐

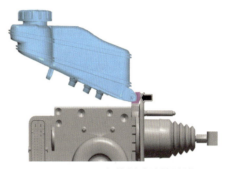

▲ 图 3-30　安装制动液储液罐

7）安装并拧紧新螺栓，如图 3-31 所示。更换储液罐螺栓。螺栓的紧固力矩为 5.5N·m。仅当安装了新的集成动力制动系统时，才需要执行此步骤。

8）将新的固定笼安装到制动踏板上。更换制动踏板输入杆固定架。缓慢踩下制动踏板，直到输入杆安装到固定笼中。当正确安装输入杆时，会听到"咔嗒"声。

9）连接电气插头。安装仪表盘下部盖板。安装 3 个卡夹。

10）连接并拧紧 4 个制动管，制动管的安装力矩为 17.5N·m。

① 将电气插头连接到制动液储液罐。

② 将电气插头连接到集成动力制动系统单元。

③ 安装接线线束卡夹。

▲ 图 3-31　安装并拧紧新螺栓

确保按照在拆卸之前记下的顺序安装制动管。

11）安装风窗玻璃刮水器电动机。安装辅助隔板左外侧面板。

12）拆下制动液储液罐盖。向制动液储液罐中加注正确数量的制动液。安装制动液储液罐盖。

13）连接蓄电池负极。

14）使用诊断设备配置集成动力制动系统单元。仅当安装了新的集成动力制动系统时，才需要执行此步骤。

15）排放制动系统中的空气。

16）使用诊断设备完成"泄漏和空气监测"程序；使用诊断设备完成"管道相关性"测试。

17）如果"管道相关性"以及"泄漏和空气监测"测试均已成功完成，继续执行后续步骤。如果成功完成"管道相关性"测试，但"泄漏和空气监测"测试失败，继续执行步骤 16）。如果未成功完成"管道相关性"测试，检查可能的故障原因（检查制动管的顺序），执行矫正，然后从步骤 13）开始重复执行此程序。

18）使用诊断设备完成"使用诊断设备进行制动系统排气"。

19）如果已成功完成"维修排气"程序，继续执行下一步。如果未成功完成"维修排气"程序，纠正故障原因，然后从步骤 13）开始重复执行此程序。

20）成功完成"维修排气"程序之后，等待 10min 让集成动力制动系统单元冷却下来，然后继续执行下一步。未遵守这一指令可能导致部件损坏。

21）使用诊断设备完成"阀舒适脉冲 - 校准"程序、完成"电动驻车制动器 - 校准"程序。使用诊断设备禁用集成动力制动系统单元装配模式。

22）关闭发动机舱盖和所有车门，并锁定车辆。等待危险警告灯开关背光熄灭，再等待20s，解锁车辆，打开起动开关。

23）使用诊断设备清除故障诊断码，然后检查是否存储新的故障诊断码。如果无法成功完成程序，检查可能的故障原因，执行纠正，然后重新测试系统。

三、集成动力制动系统单元储液罐拆装

1. 任务准备

操作设备：捷豹 F-PACE（X761）2022 实训车。

工具/仪器：诊断设备、常用拆装工具套装、橡胶锤等。

人员分工：组长1名，记录人员2名，检验人员2名，操作人员若干。以上人选角色可通过选举、自荐或教师指定等来担任。通过多个任务的训练，争取让每个学生轮流担任每个角色，最终提升学生的综合能力。

实训场地：智能网联汽车线控技术实训室。

2. 实施步骤

断开连接时，所有开口必须进行密封。制动液会损坏喷漆的表面。如果溢出，应立即清除制动液并用水清洗该区域。准备好收集漏出的液体。

参照以下操作步骤进行集成动力制动系统更换储液罐套件拆卸技能训练：

1）连接诊断设备，将集成动力制动系统模块设置为装配模式。

2）拆下车颈盖板。

3）断开电气插头。松开接线线束卡夹。拆下制动液储液罐盖。使用合适的注油器，从制动液储液罐中尽可能多地取出制动液。安装制动液储液罐盖。

4）断开2个电气插头，如图3-32所示，松开接线线束卡夹。

5）拆下螺栓，如图3-33所示。

6）松开集成动力制动系统单元储液罐，如图3-34所示，准备好收集漏出的液体。

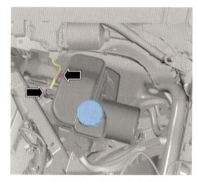

▲ 图3-32 断开电气插头

7）松开并拆下集成动力制动系统单元储液罐，如图3-35所示。

▲ 图3-33 拆下螺栓

▲ 图3-34 松开储液罐

8）拆下并丢弃三个密封件，如图 3-36 所示。

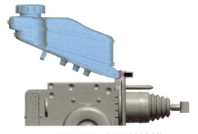
▲ 图 3-35　拆下储液罐

▲ 图 3-36　拆下密封件

参照以下操作步骤进行集成动力制动系统单元储液罐安装技能训练：

1）使用干净的制动液润滑 3 个新密封件，安装 3 个新的密封件，更换储液罐套件。

2）安装集成动力制动系统单元储液罐。安装并拧紧新螺栓。新螺栓的紧固力矩为 6N·m。

3）将接线线束重新定位至正确位置。连接电气插头，安装卡夹。

4）取下加注口盖。向制动液储液罐中加注正确数量的制动液，安装盖子。

5）使用诊断设备完成"泄漏和空气监测"测试。

6）如果已成功完成"泄漏和空气监测"测试，继续执行后续步骤 8）。

如果"泄漏和空气监测"测试失败，纠正任何故障原因，然后继续执行步骤 7）。

7）排放制动系统中的空气。使用诊断设备完成"泄漏和空气监测"测试。

如果成功完成了"泄漏和空气监测"测试，继续执行步骤 9）。

如果未成功完成"泄漏和空气监测"测试，则纠正故障原因，然后完成"使用诊断设备进行制动系统排气"程序。

8）使用诊断设备禁用集成动力制动系统模块装配模式。

9）安装车颈盖板。

10）使用诊断设备清除故障诊断码存储器，然后检查是否存储新的故障诊断码。如果无法成功完成程序，应检查可能的故障原因，执行纠正，然后重新测试系统。

知识拓展

车辆电子稳定控制系统

车辆电子稳定控制系统是一种辅助驾驶人控制车辆的主动安全技术，也是汽车防抱死制动系统和牵引力控制系统功能的进一步扩展。在车辆电子稳定控制系统上可以看到防抱死制动和牵引力控制功能的影子，可以说其是目前车辆安全电子设备的集大成者。

车辆电子稳定控制系统属于汽车主动安全系统的一部分。车辆电子稳定控制系统有很多不同的称呼，大众称其为车身电子稳定系统、本田称为 VSA、丰田称为 VDIM、通用（国产车型）称为 ESC 等，虽然称呼不同，但其工作原理是基本相同的。车辆电子稳定控制系统主要由控制总成电控单元、转向传感器、轮速传感器、侧滑传感器和横向加速度传感器等组成。

当汽车快速行驶或者转向时，产生的横向作用力会使汽车不稳定，易发生事故，而车辆电子稳定控制系统可以将这种情况消除。例如，当车辆前面突然出现障碍物时，驾驶人必须快速向左转弯，此时转向传感器将此信号传递到车辆电子稳定控制系统控制总成，侧滑传感器和横向加速度传感器发出汽车转向不足的信号，这就意味着汽车将会直接冲向障碍物。这时车辆电子稳定控制系统会瞬间将后轮紧急制动，这样就能产生转向需要的反作用力，使汽车按照转向意图行驶，避免汽车直接撞向障碍物。车辆电子稳定控制系统主要对车辆纵向和横向稳定性进行控制，保证车辆稳定行驶，例如，当汽车在路滑时左转过度转向（即转弯右侧甩尾）时，传感器会迅速检测到这种异常情况，车辆电子稳定控制系统会立即介入，通过制动右前轮来恢复附着力，并产生相反的转矩，使汽车保持在原来的车道上。

博世车辆电子稳定控制系统有着行业内最好的性能。博世最新的车辆电子稳定控制系统已经发展到第9代，第9代车辆电子稳定控制系统比上代产品在体积、质量、运算能力、功能方面都有较大的进步。例如，宇通ZK6601产品采用的是液压制动系统，配备的是博世的12V液压车辆电子稳定控制系统。它的组成：包含一个液压控制单元和控制模块总成、横摆角传感器、轮速传感器。和防抱死制动系统相比，主要增加了横摆角传感器。车辆电子稳定控制系统相对于防抱死制动系统，增加了主动增压功能。车辆电子稳定控制系统作为制动系统中的闭环控制系统及制动系统冗余备份，功能是防止在车轮制动抱死时转向和驾驶性能失效。车辆电子稳定控制系统控制单元通过计算车轮滑移率，不断地检测每个车轮的抱死倾向。如果车辆电子稳定控制系统控制单元检测到任何车轮有抱死的倾向，会通过关闭或打开阀门组对抱死车轮的液压进行调节。助力器失效时，车辆电子稳定控制系统能够进行主动增压，为制动系统提供压力实现整车制动，提高车辆安全性能。

车辆加速至约5km/h以上时，车辆电子稳定控制系统开始工作；车辆减速至约5km/h以下时，车辆电子稳定控制系统停止工作。

当踩下制动踏板，发动机起动或车辆刚刚开始移动时，可听见持续数秒的"咔嗒"声或电动机运转声。这意味着车辆电子稳定控制系统处于自检模式下，而并不代表出现故障。

车辆电子稳定控制系统运行时，可能会出现下列情况，任何一种情况都不表示出现故障：

1）通过车身可感觉到振动。
2）听见"咔嗒"声或电动机运转声。
3）车辆停止时可听到电动机运转声。

车辆电子稳定控制系统安装过程需注意保证车辆电子稳定控制系统安装面竖直，胶垫压1/2（图3-37）。

▲ 图3-37　车辆电子稳定控制系统安装面竖直

任务评价

基本信息	姓名		学号		班级		组别	
	角色							
	规定时间		完成时间		考核日期		总评成绩	
考核内容	序号	步骤		完成情况		标准分	评分
				完成	未完成		
	1	线控制动系统结构认识					
	2	典型液压式线控制动系统的应用认识					
	3	集成动力制动系统认识					
	4	集成动力制动系统拆装					
	5	集成动力制动系统储液罐拆装					

项目三 智能网联汽车线控制动系统装调与检修

(续)

7S管理（整理、整顿、清扫、清洁、素养、安全、节约）	
团队协作	
沟通表达	
工单填写	
教师评语	

任务二　智能网联汽车线控制动系统调试

任务目标

▶ 知识目标

1. 熟悉线控制动系统的通信原理。
2. 掌握测试软件的操作步骤。

▶ 能力目标

1. 具有智能网联汽车制动标定的能力。
2. 具有智能网联汽车线控制动功能及轮速信号调试的能力。
3. 具有智能网联汽车线控制动系统调试的能力。

▶ 素养目标

1. 使学生树立爱岗敬业、脚踏实地、精益求精的工匠精神。
2. 使学生树立勤奋好学、吃苦耐劳、专注耐心的敬业精神。
3. 培养学生充分利用时间和资源，区分重点和监督自己的意识。

任务描述

汽车装配完成以后，需测试、标定车辆的制动功能。测试人员首先将车辆底盘升起使轮胎离开地面，起动车辆，档位选择前进档，车轮旋转，测试人员操作调试软件下发制动指令、驾驶模式等进行测试。测试完毕后，测试人员通过调试软件的显示界面，可分别查看到制动灯信号、工作状态、制动断电等信号。调试人员是如何通过调试软件下发制动指令的，又是如何进行制动标定的？接下来小宇跟着测试人员一起进行调试。

知识链接

一、线控制动系统通信原理

线控制动系统的通信主要存在于整车控制器与液压式线控制动系统电控单元之间，包括整车控制器向液压式线控制动系统电控单元发送制动指令以及液压式线控制动系统电控单元向整车控制器发送制动踏板开合、制动灯信号、液压式线控制动系统工作状态、可动断电、故障等反馈信息。整车控制器与液压式线控制动系统电控单元之间的通信波特率为 500kbit/s，报文采用 Motorola 格式，帧格式为标准帧。

1. 整车控制器向液压式线控制动系统电控单元发送 CAN 报文协议

整车控制器向液压式线控制动系统电控单元发送 CAN 报文的协议见表 3-3，报文 ID 为 0x364，报文周期为 200ms，报文长度为 8 字节。

表 3-3　整车控制器向液压式线控制动系统电控单元发送 CAN 报文的协议（ID：0x364，周期：200ms）

字 节		定 义	格 式
Byte0		外部制动压力请求	压力行程请求，最大行程点为 125，最小行程点为 0，单位为个（当前将行程分成 125 个点）
Byte1	bit0	制动使能	0：液压式线控制动系统未启动；1：液压式线控制动系统使能
	bit1~bit3	预留	—
	bit4~bit7	液压式线控制动系统工作模式请求	3：就绪；7：Run
Byte2		预留	—
Byte3	bit0~bit1	预留	—
	bit2	驾驶模式	0：人工（包括遥控器模式）；1：自动
	bit3	预留	—
	bit4~bit5	整车控制器工作状态信号	0：未初始化；1：可靠的；2：降级（保留）；3：故障
	bit6~bit7	钥匙使能信号	0：OFF；1：ACC；2：ON；3：CRANK
Byte4		预留	—
Byte5		预留	—
Byte6		预留	—
Byte7	bit0~bit3	生命信号	—
	bit4~bit7	预留	—

1) Byte0 用来设置外部制动压力请求，压力行程请求，最大行程点为 125，最小行程点为 0，单位为个（当前将行程分成 125 个点）。如根据当前车速和制动请求信号综合算得制动行程为 100，则 Byte0=0x64。

2) Byte1 用来设置制动指令信号，其中，bit0 可设置制动使能。当 bit0=0 时，液压式线控制动系统电控单元不启动；当 bit0=1 时，液压式线控制动系统电控单元使能信号（使能信号类似一个触发信号，主要用于保证电路或者器件正常工作的开关。也就是说，可以通过这个信号打开或关闭 IC 电路中的某个功能）。bit4~bit7 可设置液压式线控制动系统工作模式请求，当 bit4-bit7=3 时，液压式线控制动系统进入准备就绪模式；当 bit4-bit7=7 时，液压式线控制动系统进入 Run（运行）模式。其余 3 位为预留位，默认都为 0。

3) Byte3 用来设置制动模式和整车控制器工作状态信号。其中，bit2 可设置驾驶模式，当 bit2=0 时，驾驶模式为人工驾驶（包括遥控器模式）；当 bit2=1 时，驾驶模式为自动驾驶。bit4~bit5 可设置整车控制器工作状态信号，当 bit4-bit5=0 时，整车控制器电控单元控制模块处于未初始化状态；当 bit4-bit5=1

时，整车控制器电控单元控制模块处于工作可靠状态；当 bit4-bit5=2 时，整车控制器电控单元控制模块处于降级功能受限状态；当 bit4-bit5=3 时，整车控制器电控单元控制模块有故障。bit6~bit7 可设置钥匙使能信号，当 bit6-bit7=0 时，钥匙使能信号为 OFF；当 bit6-bit7=1 时，钥匙使能信号为自适应巡航系统；当 bit6-bit7=2 时，钥匙使能信号为 ON；当 bit6-bit7=3 时，钥匙使能信号为 CRANK（启动）。其余 3 位为预留位，默认都为 0。

4）Byte7 用来设置整车控制器的生命信号。其中，bit0~bit3 可设置生命信号（生命信号的作用是表征 CAN 节点整车控制器没有出现故障等，使其他节点清楚地知道接收到的 CAN 消息是可靠的。如果生命信号每次加 1，则可以认为该节点正常工作；如果不是，则该节点发出的消息是不可靠的），其他 4 位为预留位，默认为 0。

5）Byte2、Byte4、Byte5、Byte6 均为预留字节，默认的十六进制值都为 0x00。

2. 液压式线控制动系统电控单元向整车控制器发送 CAN 报文协议

液压式线控制动系统电控单元向整车控制器发送 CAN 报文的协议见表 3-4，报文 ID 为 0x289，报文周期为 100ms，报文长度为 8 字节。

表 3-4　液压式线控制动系统电控单元向整车控制器发送 CAN 报文的协议（ID：0x289，周期：100ms）

字节		定义	格式
Byte0		制动踏板开合度	制动踏板制动行程有效值范围：0~100（表示 0~100%）
Byte1	bit0~bit1	预留	—
	bit2	制动灯信号	bit2=0，无效；bit2=1，有效
	bit3	预留	—
	bit4~bit6	工作状态	1：初始化；2：备用；3：就绪；6：Run；7：失效；8：关闭
	bit7	预留	—
Byte2		预留	—
Byte3	bit0~bit1	预留	—
	bit2	外部制动请求响应状态	0：踏板；1：CAN
	bit3~bit4	预留	—
	bit5	仪表警告灯	0：闲置；1：有效
	bit6	制动踏板是否被踩下	0：闲置；1：有效
	bit7	制动踏板被踩下是否有效	0：闲置；1：有效
Byte4		故障码 1	故障码 0x00：无故障；0x01：欠电压；0x02：过载；0x04：过电压；0x08：U 相故障；0x10：V 相故障；0x20：W 相故障；0x40：过电流；0x80：堵转保护

(续)

字节	定义	格式					
		故障码	故障	故障码	故障	故障码	故障
Byte5	故障码 2	0x00	无故障	0x01	欠电压	0x02	通信超时故障
		0x04	自学习故障	0x08	12V 电源故障	0x10	自检故障
		0x20	保留	0x40	保留	0x80	点火信号故障
Byte6	预留	—					
Byte7	bit0~bit3 生命信号	—					
	bit4~bit7 预留	—					

1）Byte0 用来反馈制动踏板开合度，制动踏板制动行程有效值范围为 0~100，表示 0~100%。

2）Byte1 用来反馈制动灯信号和工作状态等。其中，bit2 可反馈制动灯信号，当 bit2=0 时，制动灯信号无效；当 bit2=1 时，制动灯信号有效。bit4~bit6 可反馈液压式线控制动系统电控单元的工作状态，当 bit4-bit6=1 时，液压式线控制动系统电控单元的工作状态为初始化；当 bit4-bit6=2 时，液压式线控制动系统电控单元的工作状态为备用；当 bit4-bit6=3 时，液压式线控制动系统电控单元的工作状态为就绪；当 bit4-bit6=6 时，液压式线控制动系统电控单元的工作状态为 Run（启用）；当 bit4-bit6=7 时，液压式线控制动系统电控单元的工作状态为失效；当 bit4-bit6=8 时，液压式线控制动系统电控单元的工作状态为关闭。其余 4 位为预留位，默认为 0。

3）Byte3 用来反馈外部制动请求响应状态和制动踏板状态。其中，bit2 可反馈外部制动请求响应状态，当 bit2=0 时，外部制动请求信号为踏板；当 bit2=1 时，外部制动请求信号为 CAN 总线。bit5 可反馈仪表警告灯，当 bit5=0 时，仪表警告灯闲置；当 bit5=1 时，仪表警告灯有效。bit6 可反馈制动踏板是否被踩下，当 bit6=0 时，制动踏板闲置；当 bit6=1 时，制动踏板被踩下有效。bit7 可反馈制动踏板被踩下的有效性，当 bit7=0 时，制动踏板闲置；当 bit7=1 时，制动踏板被踩下有效。其余 4 位为预留位，默认为 0。

4）Byte4 用来反馈故障码 1。各故障码对应的具体故障详见表 3-4。

5）Byte5 用来反馈故障码 2。各故障码对应的具体故障详见表 3-4。

6）Byte7 用来反馈生命信号。其中，bit0~bit3 可反馈生命信号，其他 4 位为预留位，默认为 0。

7）Byte2 和 Byte6 为预留字节，默认 Byte2=0x00，Byte6=0x00。

二、制动测试软件及操作步骤介绍

宇通使用的线下测试软件量产助手 App，用于车辆批量生产下线，减少下线中工程师的参与，集成在下线工艺中。工人按照 App 的指示对车进行初始化设置和检查，能修复一些简单的设备问题，无须工程师在生产线进行排查，将以前需要工程师人为地检查机器设备的工作，转换为使用 App 来进行自动化检查，车辆按照标准的检查步骤进行下线，可以极大地减少车辆出现问题的情况，保证高质量下线。

量产助手 App 与之前其他的 App 集成在宇通的 Driver App 中。

当测试工程师在量产助手 App 使用过程中提示有新的版本，要求更新软件版本时，单击软件右上角加号，再单击版本更新按钮即可进行更新，如图 3-38 所示。

宇通测试软件的操作步骤如下：

1. App 准备

在使用 App 前，需要先打开 Pad 自身的浏览器进行扫码下载安装包安装 App。二维码如图 3-39 所示。

安装完后打开 App，系统提示 App 的授权，需要打开全部的授权（图 3-40）。例如：语音授权，当求助无法连接语音时，需要检查语音授权是否已打开；如果没有打开，需要到系统设置界面将该 App 的权限打开。

为了防止 App 一直自动关闭屏幕，可以打开设置→显示，设置休眠时间为永不休眠。测试前需要进行数据更新，将工程师提供的数据硬盘按照车型替换原有的车端硬盘数据。

▲ 图 3-38 软件版本更新

▲ 图 3-39 量产助手二维码

▲ 图 3-40 设置软件授权

2. WiFi 连接

进入量产助手界面后，界面即量产助手的步骤界面。上车的第一步就是先使用 Pad 连接 WiFi，通过车上配备的二维码进行扫码连接。连接成功后可以打开系统的 WiFi 界面进行检查，是否正确连接。

WiFi 连接正常后，如果右上角车号（当前车号为 ZZU_TST_20015）后面显示连接状况的计算机图标是黑色的，说明已经连接上计算机，如图 3-41 所示。

在连接前会自动忽略掉环境中所有的 WiFi，如需要再次连接其他车，需要再次进行扫码连接。

Pad 无法连接车辆计算机，请检查：WiFi 是否连接上本车 WiFi；Pad 是否距离车辆过远，尽量在车辆附近连接 WiFi；确认车辆主机正常启动。若上述都已经检查完毕，1min 后还未连接主机，可联系企业工程师处理。

▲ 图 3-41 软件 WiFi 连接

3. 操作方式

技术人员在操作 App 的过程中，到达每一个既定的步骤，需要单击任务列表中的"开始"按钮开始任务。任务启动后可关注下面的任务运行情况，如图 3-42 所示。

4. 任务列表

在每个功能界面都有任务列表，任务列表中包含了该功能需要执行的任务。如果需要全部任务重试，则单击"重试"按钮，单击"确认"，进行重试，如图 3-43 所示。

当任务失败时，可以单击"日志信息"输出查看具体的错误信息。

▲ 图 3-42 任务运行情况

▲ 图 3-43 任务列表

5. 绑定车号

单击"扫描绑定车号"（图 3-44），扫描粘贴在车上的二维码，绑定车号成功后，当前车号信息会显示出当前车号，确认是否与所绑车号同号，确认无误后单击"下一步"。车上二维码示例如图 3-45 所示。

▲ 图 3-44 扫描绑定车号　　　　　▲ 图 3-45 二维码示例

任务实施

一、制动标定

1. 标定前准备

驾驶人需要提前将车开到车、人流量少的地方，需要长直路及平坦道路。在 App 中单击进入制动标定界面（图 3-46），请驾驶人仔细听完 Pad 语音讲解或者技术员讲解的标定须知。制动标定存在风险，单击"开始"录制后，车会在 Pad 倒数完后急加速 7s，然后会进行制动，标定过程中驾驶人可控制转向盘，随时注意周围环境，注意安全，有危险时直接踩制动踏板接管车辆。

2. 标定录制数据

驾驶人准备好后，单击"开始"录制，车辆自己加速 7s，然后开始制动。在车完全停止后，后单击"结束"录制，拍下急停按钮并松开，单击"下一步"进入下一步录制，如图 3-47 所示。每一个步骤结束后动动加速踏板和制动踏板，验证其正常后再进行下一步。重复以上操作 16 次，注意制动力度会不断地进行加大，这时候驾驶人可以接管调整转向盘，只要不动加速踏板和制动踏板即可。若不慎（或不小心）动了加速踏板和制动踏板，当次步骤重新录制即可。

▲ 图 3-46 制动标定界面

3. 数据分析

数据采集完成后，单击"下一步"进行计算分析，等待分析结果成功后，单击"下一步"回到制动标定界面，如图 3-48 所示。若分析结果为失败，持续单击"上一步"回到第 1 步，重新录制数据并计算。如果分析再次失败，可联系企业工程师处理。

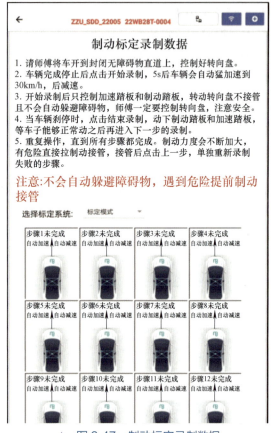

▲ 图 3-47　制动标定录制数据

▲ 图 3-48　数据处理

4. 验证

回到制动标定界面后，在"选择标定系统"处下拉选择验证模式，进入验证模式界面，如图 3-49 所示。验证模式录制 6 组数据，录制方式同制动标定，录制完成后单击"下一步"进行数据分析计算（图 3-50），数据验证成功后，单击"下一步"上传数据，等待数据上传成功后单击"下一步"回到标定主界面，如图 3-51 所示。若数据验证失败，则持续单击"上一步"回到验证数据第 1 步，并重新录制数据重新验证。如果验证再次失败，可联系企业工程师处理。

二、线控制动功能及轮速信号调试

1. 基本车辆检查

1）检查并确保新能源整车控制器已经刷写此车程序。

2）检查并确保仪表车身控制模块刷完程序，仪表显示状态正常。

3）确认自动驾驶智能控制器已经刷上程序。

4）请驾驶人操作车辆，确认以下功能是否正常。静态测试项目：车门、远近灯光、转向灯、双闪灯、制动灯操作正常；动态测试项目：请驾驶人驾驶车辆，确认行驶、制动、转向正常。

项目三　智能网联汽车线控制动系统装调与检修

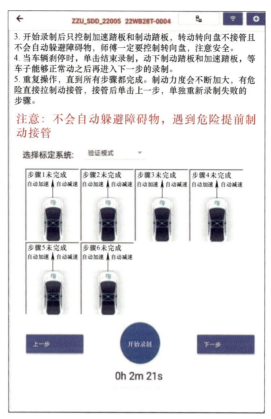

▲ 图 3-49　验证

▲ 图 3-50　验证数据处理　　　　　　▲ 图 3-51　数据上传

2. 修改本机 IP

1）将调试网线水晶头插入笔记本计算机有线网口，OBD 公头插入预留的 OBD 口。

2）依次单击 Windows 计算机上的控制面板→网络和 Internet→网络和共享中心→本地连接"可能显示以太网 3 [数字或许不同]"→属性→ Internet 协议版本 4（TCP/IPv4）选中并使用下面的 IP 地址，如图 3-52 所示。

3）如图 3-52 所示，选中使用下面的 IP 地址（S）和使用下面的 DNS 服务器地址（E），然后依据图 3-52 所示设置 IP 地址：192.168.100.110，子网掩码：255.255.255.0；最后单击"确定"按钮。

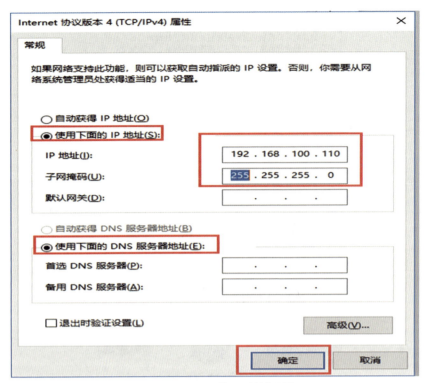

▲ 图 3-52 网络 IP 地址设置

3. Kill_Vehicle

1）打开 ibus_FrameTool.exe 软件，并切换到下线检测工具界面。

2）单击"Kill_Vehicle"按钮，出现"执行命令成功！"的弹窗，如图 3-53 所示。

注意事项：

笔记本计算机 WiFi 关闭，只保留有线连接，否则可能会出现网络不通。

笔记本计算机只启动本测试软件，不要启动其他软件，否则可能会产生非预期结果。

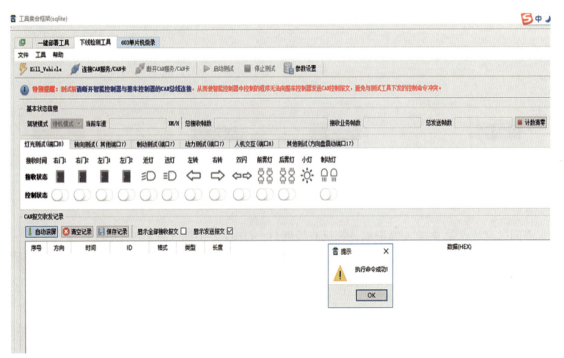

▲ 图 3-53 ibus_FrameTool 界面

4. 参数设置

1）单击"参数设置"按钮，进入参数设置子界面。

2）选择 CAN 服务标签页，设置 CAN 参数，如图 3-54 所示。

3）依据待测试功能标签页 2 上的提示，设置 CAN 参数 3。

4）以门灯测试为例：标签页提示 [端口 7]，表示 CAN 参数设置部分，发送端口 7，采集端口为 62007，采集 IP 固定为 100.21。

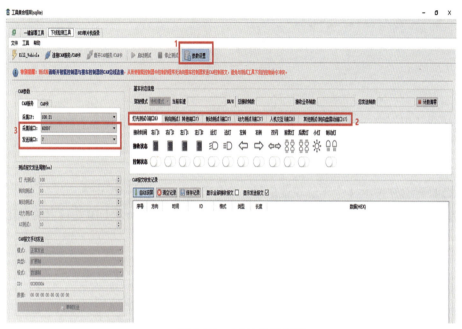

▲ 图 3-54　CAN 参数设置

5. 制动测试

1）依据标签页提示转到 50 参数配置步骤配置 CAN 参数，发送端口 8，接收端口 62008。

2）软件切换到"制动测试"界面，单击"连接 CAN 服务 /CAN 卡"，然后单击"启动测试"，如图 3-55 所示。此时"接收状态"栏会实时更新制动激活状态、电子驻车、制动减速度、节气门开度、制动气缸压力、急停的状态。

3）车辆上电起动后，驾驶人驾驶车辆维持车速在 20km/h 左右，松开加速踏板。

4）调整"制动减速度"，首先输入 –0.5，然后设置"控制状态"的"制动激活"复选框为 ⬤，观察车辆是否正常减速停车；测试之后，设置"控制状态"的"制动激活"复选框为 ⭘。

5）重复将车速维持在 20km/h，输入减速度分别为 –1、–1.5、–2、–2.5、–3，重复步骤 4），观察车辆制动情况。

6）电子驻车制动系统（EPB）测试：设置"控制状态"的"制动激活"复选框为 ⬤，将电子驻车的复选框设置为 ⭘，车辆电子驻车制动器松开，电子驻车反馈显示为释放状态；设置"控制状态"的"电子驻车"复选框为 ⬤，此时车辆电子驻车制动器拉起，且电子驻车反馈显示为拉起状态。

注意：电子驻车制动系统测试时应保持车辆处于静止状态。

7）若上述测试状态均符合，则单击"停止测试"之后单击"断开 CAN 服务 /CAN 卡"结束制动测试。

注意：快速减速时，人体会由于惯性向车前方运动，一定要注意安全，坐稳扶好。

▲ 图 3-55 测试界面

6. 下电重启

请驾驶人将点火开关转至 OFF 档,翘板开关下电,再将点火开关转至 ON 档,进行智能控制器下电重启操作,以免影响后续标定。

7. 轮速信号测试

在车辆动态时查看软件上 4 个车轮轮速信号,4 个车轮轮速信号是否正常。

1)周立功 CAN 连接线束一端连接计算机,另一端连接图 3-56a 所示 OBD2 口上的 3 孔与 11 孔。

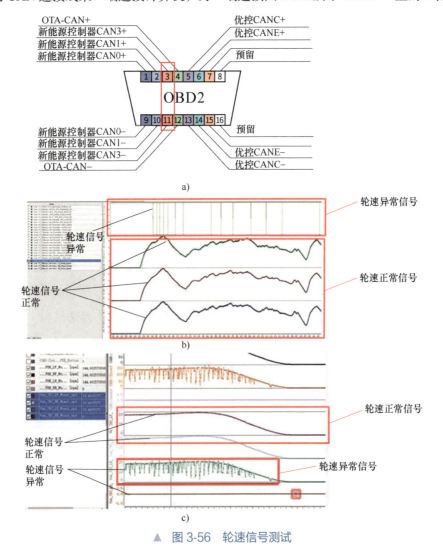

▲ 图 3-56 轮速信号测试

2）打开 Canpro 软件，选取 4 个车轮的轮速数据。

3）在车辆动态时查看软件上 4 个车轮轮速信号。正常与异常的轮速信号如图 3-56b、c 所示。轮速信号允许有起伏，但瞬间变化起伏大视为信号异常。

知识拓展

智能网联实训车辆线控制动系统调试

1. 任务准备

操作设备：底盘线控系统测试装调实验实训台。

工具/仪器：CAN 总线分析仪、调试计算机。

人员分工：组长 1 名，记录人员 2 名，检验人员 2 名，操作人员若干。以上人选角色可通过选举、自荐或教师指定等来担任。通过多个任务的训练，争取让每个学生轮流担任每个角色，最终提升学生的综合能力。

实训场地：智能网联汽车线控技术实训室。

2. 实施步骤

在前面讲解的线控制动系统通信原理的基础上，对设置制动压力行程点、解析液压式线控制动系统反馈报文进行实训。

整车控制器向液压式线控制动系统电控单元发送 CAN 报文计算。

整车控制器向液压式线控制动系统电控单元发送 CAN 报文，需选择 CAN1 发送报文，帧 ID 选择 0x364，发送周期填 200（单位为 ms），发送次数填 20，波特率选择默认的 500kbit/s，帧类型选择默认的接收所有类型，如图 3-57 所示。

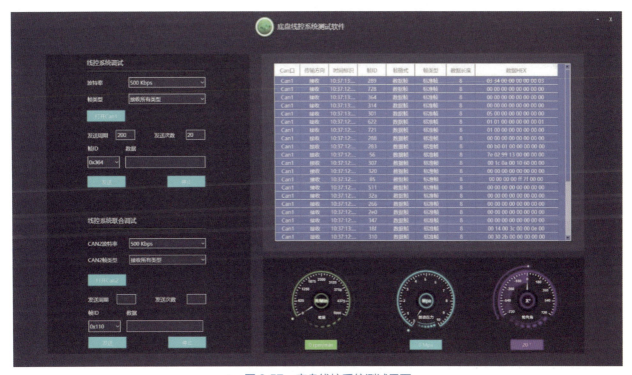

▲ 图 3-57　底盘线控系统测试界面

任务评价

基本信息	姓名		学号		班级		组别	
	角色							
	规定时间		完成时间		考核日期		总评成绩	

	序号	步骤	完成情况		标准分	评分
			完成	未完成		
考核内容	1	阐述线控制动系统通信原理				
	2	宇通测试软件及操作应用				
	3	制动标定				
	4	线控制动功能及轮速信号调试				
	5	线控制动系统调试				
7S 管理（整理、整顿、清扫、清洁、素养、安全、节约）						
团队协作						
沟通表达						
工单填写						
教师评语						

任务三　智能网联汽车线控制动系统故障诊断与排除

任务目标

▶ 知识目标

1. 掌握线控制动系统关键技术。
2. 掌握线控制动系统电路图的识读方法。

▶ 能力目标

1. 具有检修智能网联汽车线控制动系统供电电源故障的能力。
2. 具有检修智能网联汽车线控制动系统 CAN 通信故障的能力。
3. 具有排除集成式制动控制系统现象类故障的能力。

▶ 素养目标

1. 使学生树立爱岗敬业、脚踏实地、精益求精的工匠精神。
2. 使学生树立勤奋好学、吃苦耐劳、专注耐心的敬业精神。
3. 培养学生充分利用时间和资源，区分重点和监督自己的意识。

项目三 智能网联汽车线控制动系统装调与检修

任务描述

一辆智能网联汽车制动系统出现了故障,车辆仪表盘正常显示,制动灯信号、工作状态、制动断电等信号也正常,但是车辆制动无助力,车辆无法停车、减速,只有断电车辆才能停下来。小宇跟着检测人员一起对车辆进行故障诊断并排除,然后对故障诊断过程进行记录。

知识链接

一、制动系统故障检查与验证

目测检查前、后车轮和轮胎总成是否存在损坏,如磨损模式不均匀、胎面磨破或侧壁损坏。确保轮胎尺寸和类型相同,且在可能的情况下,使用同一制造商的产品。

更换受损车轮或磨损严重的轮胎,确保车轮和轮胎没有任何异物,且轮胎压力调节到正确规格。如果轮胎出现不均匀磨损或羽状磨损,则必须查明原因。检查转向和悬架元件是否有损坏或磨损。如有必要,检查并调整前轮定位。目测检查是否存在明显的损坏,系统是否完好。

目视检查有机械和电气两方面。机械方面主要有制动主缸、制动钳活塞、制动盘、车轮轴承、制动片、制动踏板连杆、制动增压器真空软管、轮胎、碎片。电气方面主要有熔丝、接线线束和电气插头/端子、制动液液位传感器、电子驻车制动开关、轮速传感器、制动踏板位置传感器、加速踏板位置传感器、右侧/左侧电动驻车制动执行器、动力传动系统控制模块、防抱死制动系统控制模块、蓄电池电量控制模块(BECM)等。

完成路试,将车辆的实际制动性能与驾驶人预期的性能标准进行比较。测试驾驶人进行有效比较和检测性能缺陷的能力取决于经验。驾驶人应具备全面的制动系统操作和公认的通用性能指南知识,以进行很好的比较和检测性能问题。有经验的制动器技术人员将始终确定 1 条用来进行所有制动器诊断路测的路线。所选道路务必相对平坦、水平。碎石地或崎岖不平的道路不适合,因其表面无法让轮胎均衡摩擦道路。必须避免有路拱的道路,因为在这类道路上大部分的重量移至车轮的下部。使用专用路线并一直使用,则可从测试结果中排除路面变化。

进行路测之前,获得可疑状况的完整描述。通过描述,技术人员依靠经验将可能的原因与症状匹配。某个部件将会作为可疑部件被标出,而其他的将被排除。尤为重要的是,驾驶人描述可以揭示不安全因素,这些因素必须在路测之前检查或纠正。该描述同样有助于通过重点关注缩小至特定部件、车速或条件,以制订进行路测的基本步骤。

进行一般制动器性能检查后,开始路测。谨记问题描述,采用轻和重的踏板压力测试不同车速下的制动力。在此测试中,如果问题变得明显,在路测之前配合所给描述验证问题。如果问题不明显,则利用说明中提供的信息尝试复制问题条件,如果存在问题,使用症状表将之归入某个特定子系统和条件说明。通过这个说明,可使用一个可能原因清单来进一步将原因缩小至某个特定元件或条件。

二、线控制动系统关键技术

汽车制动系统的发展方向是去除整个液压系统,且没有机械或液压后备系统的纯粹线控制动系统。由于没有备用系统,系统的可靠性要求更高,并且必须是能容错的。另外,还要求新系统要具有与现有系统一样的制动性能,且系统的使用寿命要长,易于维护、价格便宜、适合批量生产等。因此,线控制动系统需要具有可靠的能源来源、容错的通信协议,以及一些硬件的冗余控制等。下面是线控制动系统的一些关键技术。

1. 执行器的能量需求

鼓式制动需要 100W 的功率，而盘式制动需要 1kW 的功率。12V 的车辆电气系统难以支持执行电路制动的高功率要求。因此，建立 42V 电压系统十分重要，同时需要解决高电压带来的安全问题。

2. 容错的要求

在完全取消了液压元件的系统中，没有独立的后备执行系统，虽然许多技术能提高容错系统的安全性，但根本的方法还是提供后备系统。当节点或电控单元出现故障时，在不破坏现有系统完整性的情况下，启用后备装置，容错程度应随应用场合不同而不同，但重要的传感器和控制器都应该有备份。另外，系统中每一个节点之间的串行通信必须支持容错。容错就需要开发相应的通信协议，因为现在车辆应用的一些普通通信系统，如 CAN 等都不能满足容错的要求，所以需要开发一种新型的通信协议。目前，世界上对协议研究得比较多，有 TTP/C、FlexRay、TTCAN 等几种。

3. 制动执行器的要求

装用电动机控制的制动执行器，要求高性价比的半导体器件具有较好的高温性能，以承受在制动执行器附近产生的高温。另外，需要开发重量轻、价格低的车辆制动器，而且由于轮毂尺寸的限制，它们的尺寸需要满足设计要求。

4. 抗干扰处理

车辆在运行过程中会有各种干扰信号，目前常用的抗干扰控制系统有对称式和非对称式两种。对称式抗干扰控制系统是用两个相同的 CPU 和同样的计算程序处理制动信号，非对称式抗干扰控制系统是用两个不同的 CPU 计算制动信号。

三、液压式线控制动系统电路图

1. 液压式线控制动系统电路图分析

液压式线控制动系统电路，如图 3-58 所示。液压式线控制动系统的制动工作过程为当打开起动开关，液压式线控制动系统控制器开始工作，当接收到环境感知传感器、路测设备、云平台等制动请求时，液压式线控制动系统控制器将即刻算出所需制动力并采取制动措施，制动旋变编码器将监测到制动器的制动方向和速度反馈回液压式线控制动系统控制器，液压式线控制动系统控制器通过 CAN 线进行通信，通信内容包含制动请求、制动踏板行程和制动断电等。

2. 线控制动系统部件插接器端子介绍

线控制动系统主要的插接器为液压式线控制动系统电控单元，液压式线控制动系统电控单元插接器上有 24 个端子（图 3-59 和图 3-60）。其中，制动旋变编码器用于监测制动行程、方向和速度，并将信号反馈至线控制动系统电控单元。线控制动系统电控单元端子定义及实物照片见表 3-5。

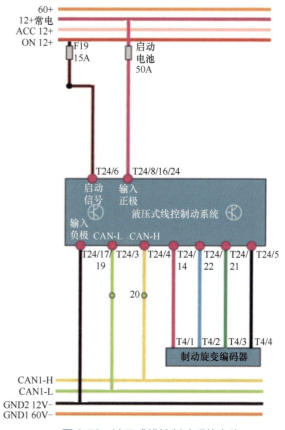

▲ 图 3-58 液压式线控制动系统电路

▲ 图 3-59 线控制动系统控制模块端子实物图

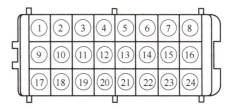

▲ 图 3-60 线控制动系统控制模块端子示意图

表 3-5 电控单元端子定义及实物照片

名称	端子编号	端子定义	名称	端子编号	端子定义
电子控制单元	1	—	电子控制单元	13	—
	2	—		14	旋变负极
	3	CAN-H		15	—
	4	CAN-L		16	12+ 常电
	5	旋变励磁		17	负极
	6	ON 12+		18	—
	7	—		19	负极
	8	12+ 常电		20	—
	9	—		21	旋变信号
	10	—		22	旋变信号
	11	—		23	—
	12	—		24	12+ 常电

任务实施

一、线控制动系统供电电源故障检修

线控制动系统供电电源故障检修任务以智能网联实训汽车为载体，开展针对线控转向、线控制动、线控驱动的实训，完成工作原理认知、通信及协议认知、装配调试与故障检测等理实一体化教学。

1. 任务准备

操作设备：智能网联实训车辆。

工具/仪器：绝缘拆装工具套装、绝缘螺钉旋具套装、万用表、示波器等。

人员分工：组长 1 名，记录人员 2 名，检验人员 2 名，操作人员若干。以上人选角色可通过选举、自荐及教师指定等来担任。通过多个任务的训练，争取让每个学生轮流担任每个角色，最终提升学生的综合能力。

实训场地：智能网联汽车线控技术实训室。

2. 实施步骤

（1）故障检测前防护　个人防护，维修人员需戴防护手套；实训车辆防护，需铺上格栅和翼子板防护。

（2）线控制动系统供电电源故障诊断分析　故障现象：智能网联实训车辆仪表上显示正常，但是制动无助力，如图3-61所示。

▲ 图3-61　仪表故障显示

上位机显示故障码（图3-62）：ICAN 0x4003、ICAN LOST、EVCAN 0x4002、EVCAN LOST。

▲ 图3-62　上位机故障码显示

根据通过分析上述的故障现象和故障码，初步判断是智能制动系统（NBS）通信故障。可能的造成故障的原因如下：

① 智能制动系统电源故障（图3-63）。
② 智能制动系统CAN通信故障。
③ 智能制动系统软件错误。
④ 智能制动系统故障。

（3）故障检测

第1步：使用示波器测量智能制动系统的波形，波形为一条0的直线（图3-64），用万用表测量其供电端子C10/02处的端子电压，显示为0，说明智能制动系统的供电有问题，如图3-65所示。

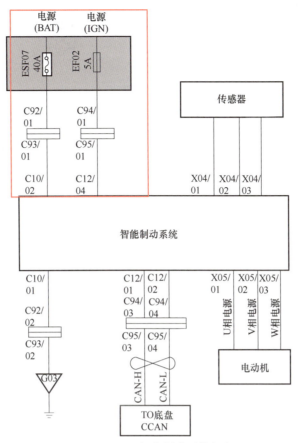

▲ 图 3-63 智能制动系统电路

▲ 图 3-64 示波器测量

▲ 图 3-65 C10/02 电压测量

第 2 步：查找具体的断路点，通过向上查找智能制动系统的供电线束，用万用表测量插接器 C92/01、C93/01 处的端子电压，显示为 0，如图 3-66 所示，说明可能电源熔丝存在问题。

第 3 步：在机舱熔丝盒找到 ESF07 熔丝，如图 3-67 所示。用万用表测量其电阻值（或者导通情况），显示为无穷大（图 3-68），表明是熔丝坏了。

第 4 步：更换 ESF07 熔丝，并用万用表测量新的熔丝好坏（图 3-69），正常。安装好的熔丝，用万用表测量插接器 C92/01、C93/01 处的端子电压，显示为 13.4V，如图 3-70 所示。

▲ 图 3-66 C92/01 电压测量

▲ 图 3-67 ESF07 熔丝

▲ 图 3-68 ESF07 熔丝测量

▲ 图 3-69 测量新的熔丝

▲ 图 3-70 C92/01 电压测量

（4）故障恢复　故障点：电源 ESF07 熔丝。

排除故障：更换好的 ESF07 熔丝，智能制动系统的供电插接器连接完好，试车制动正常，仪表显示一切正常。

二、线控制动系统 CAN 通信故障检修

1. 任务准备

任务准备同线控制动系统供电电源故障检修。

2. 线控制动系统 CAN 通信故障诊断分析

故障现象：智能网联实训车辆仪表上故障灯亮起，制动无助力，如图 3-71 所示。

上位机显示故障码：ICAN 0x4003、ICAN LOST、EVCAN 0x4002、EVCAN LOST。

通过上位机向车辆发送制动指令（图 3-72），车辆未能完成制动动作。

根据上述分析的故障现象和故障码，初步判断 EVCAN 电路及其相关模块等出现故障。

▲ 图 3-71 仪表故障显示

3. 故障确定与排除

第 1 步：使用示波器在随车的故障测量盒上测量 EVCAN（整车控制器）的波形，CAN-H 线和 CAN-L 线的波形电压相同，如图 3-73 所示。

▲ 图 3-72 上位机向车辆发送制动指令

▲ 图 3-73 EVCAN 波形测量

第 2 步：车辆下电，用万用表测量 EVCAN（整车控制器）CAN-H 线和 CAN-L 线的电阻值为 0.2Ω（图 3-74），电阻值不正常。

第 3 步：经过测量排查，发现随车故障测量盒上的 G4 按键［EVCAN（整车控制器）CAN-H 线和 CAN-L 线短路］被按下，如图 3-75 所示。

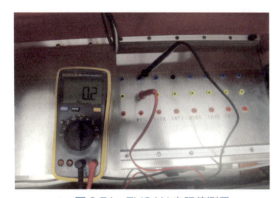

▲ 图 3-74 EVCAN 电阻值测量

▲ 图 3-75 故障测量盒上的 G4 按键

第 4 步：故障按键 G4 恢复之后，测量 EVCAN（整车控制器），CAN-H 线和 CAN-L 线电阻值恢复正常，如图 3-76 所示。

第 5 步：车辆重新上电，测量 EVCAN（整车控制器），CAN-H 线和 CAN-L 线的波形显示正常，如图 3-77 所示。

第 6 步：通过上位机向车辆发送制动指令，车辆可以完成制动动作。

4. 故障恢复

故障点：随车的故障测量盒上 G4 按键被按下。

排除故障：按键 G4 恢复，试车制动正常，仪表显示一切正常。

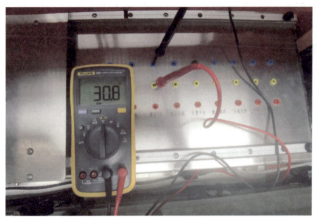

▲ 图 3-76　EVCAN 电阻（正常）

▲ 图 3-77　EVCAN 波形（正常）

知识拓展

一、魏牌蓝山集成式制动控制系统现象类故障排除方法

1. 集成式制动控制系统检修注意事项

魏牌蓝山 DHT 插电式混合动力汽车配备了集成式制动控制系统。集成式制动控制系统是线控制动系统。集成式制动控制系统只能使用指定的零部件进行更换。

在对集成式制动控制系统进行诊断前，必须首先排除基础制动系统存在的故障，如制动系统噪声；制动踏板过硬；常规制动时，制动踏板或车辆振动；车辆制动跑偏；驻车制动系统故障。

集成式制动控制系统只能整体更换，不能进行拆检或部分更换/互换。

打开起动开关，系统自检完毕，警告灯常亮；行车过程中警告灯常亮。两种情况说明集成式制动控制系统检测到故障。拔下集成式制动控制系统线束、传感器线束前，必须关闭起动开关。确保插接件的干燥和清洁，避免有异物进入。集成式制动控制系统线束的接插必须在水平方向和垂直方向安装到位，以免损坏插接件。连接集成式制动控制系统制动管路时，必须遵照集成式制动控制系统总成上的标记正确连接，FL：连接左前轮制动轮缸的制动管路，FR：连接右前轮制动轮缸的制动管路，RL：连接左后轮制动轮缸的制动管路，RR：连接右后轮制动轮缸的制动管路。

车辆上电或起动发动机后，车辆车速达到约 15km/h 时，会发出短暂的"嗡"的声音，这是集成式制动控制系统进行自检的声音，属于正常现象。集成式制动控制系统内电动机、电磁阀及回流泵动作的声音，制动踏板反弹引起的声音，因紧急制动而引起悬架与车身的撞击声，都是集成式制动控制系统正常工作声音。车辆下电后 5~10min，集成式制动控制系统进行下电自检，自检过程会发出声音，属于常规现象。

1）初步检查。确保车辆上只安装推荐尺寸的轮胎和轮毂，轮胎的花纹样式和深度必须相同。检查集成式制动控制系统、制动管路及连接处是否有泄漏。检查集成式制动控制系统的熔丝［泵电动机熔丝（60A）、电磁阀熔丝（60A）、电控单元熔丝（5A）］，确保熔丝没有烧毁并且型号正确。

2）检查蓄电池电压，检查蓄电池接线柱是否腐蚀或松动。集成式制动控制系统的正常工作电压范围是 10~16V。

3）检查集成式制动控制系统搭铁线的搭铁点是否松动，搭铁位置是否被改变。集成式制动控制系统搭铁线必须具有良好的密封性，以避免水、湿气在毛细（虹吸）效应作用下，经由线束中的孔道渗入。集成式制动控制系统电控单元的插头可能因密封不良引起功能失效。采取措施：线束的裸露端涂上密封胶，并使用热缩管封套。检查集成式制动控制系统相关部件的线束和插接件是否正确连接、是否被夹伤或割伤。

如果集成式制动控制系统噪声过大，可能是以下原因导致：集成式制动控制系统总成与踏板的固定松动，集成式制动控制系统上的塑料垫圈缺失或损坏，制动管路变形、磕碰、干涉，制动管路支架卡扣损坏。

2. 制动踏板位置太低或绵软故障检修

（1）检查集成式制动控制系统是否正常　检查集成式制动控制系统外观有无破损、变形和漏油等迹象，如图 3-78 所示。检查集成式制动控制系统安装是否正常。如果不正常，修理或更换集成式制动控制系统；如果正常，转步骤（2）。

（2）检查制动液是否正常　检查制动液是否泄漏，如图 3-79 所示。检查制动液含水性是否在标准范围内，如图 3-80 所示。如果不正常，则更换制动液；如果正常，转步骤（3）。

▲ 图 3-78　检查集成式制动控制系统外观

▲ 图 3-79　检查制动液是否泄漏

（3）检查制动系统是否正常　检查制动系统中是否有空气。检查制动系统中的管路是否有破损和变形等迹象，如图 3-81 所示。确认以上检查是否都正常。如果不正常，维修或更换制动系统部件；如果正常，转步骤（4）。

▲ 图 3-80　检查制动液含水性

▲ 图 3-81　检查制动管路

（4）检查制动储液罐是否正常　检查制动储液罐是否磨损或损坏。检查制动储液罐是否缺液，如图 3-82 所示。如果不正常，更换制动储液罐或添加制动液；如果正常，转步骤（5）。

（5）检查助力器推杆是否正常　检查助力器推杆是否磨损或损坏，如图 3-83 所示。检查助力器推杆是否失调。如果不正常，修理或更换集成式制动控制系统；如果正常，转步骤（6）。

▲ 图 3-82 检查制动液存量

▲ 图 3-83 检查助力器推杆

（6）检查制动踏板自由行程是否正常　检查制动踏板自由行程（正常约 1cm）是否过大，如图 3-84 所示。如果不正常，重新校准和设置自由行程；如果正常，故障检测完成。

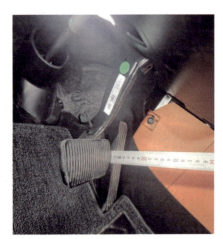

▲ 图 3-84 检查制动踏板自由行程

二、制动系统典型机械故障成因及解决措施

1. 制动系统典型机械故障

制动片磨损差异过大的原因可能是机械、液压或制动片材料的问题。制动片的磨损情况因冷却气流和其他因素而有所差异，可接受的程度取决于车辆里程数和技师的经验 / 判断。制动系统典型机械故障类型及原因见表 3-6。

表 3-6　制动系统典型机械故障类型及原因

症　　状	可能的原因	措　　施
制动片过早磨损	左 / 右前 / 后制动片过度磨损 左 / 右前 / 后制动片卡在制动卡钳中 制动卡钳卡住或部分卡滞	检查前、后制动盘和制动片是否在指定的维护磨损限值范围内 参阅维修手册中的规格
在低速行驶期间使用制动器时听到周期性爆燃噪声	制动盘表面粗糙度	参阅维修手册中制动盘表面处理 按照程序中的说明执行操作，确保制动盘处于正确状态

(续)

症　状	可能的原因	措　施
制动片磨损不均匀	左/右前/后制动片卡在制动卡钳中 制动卡钳卡住或部分卡滞	转至定点测试 A
应用制动时发出噪声，发出噪声和/或通过制动踏板感觉到振动，高于预期的液压启动系统噪声级别	防抱死制动系统控制模块电源故障 制动助力器模块（BBM）电源故障	检查主蓄电池和辅助蓄电池是否均已充满电。检查每个蓄电池的搭铁连接。如有必要，进行修复 确认配电盒（PSDB）开关 2 处于关闭位置 完成车辆休眠循环 使用厂家认可的诊断设备，检查防抱死制动系统控制模块和制动助力器模块，并将其软件更新至最新版本 使用厂家认可的诊断设备，检查防抱死制动系统控制模块和制动助力器模块是否存在故障码，必要时进行维修 完成车辆休眠循环并重新测试
	防抱死制动系统控制模块通信故障 制动助力器模块通信故障 防抱死制动系统控制模块与制动助力器模块之间的 FlexRay 总线电路对地短路、对电源短路、断路、电阻值过大	在制动助力器模块故障之前，先检查是否存在防抱死制动系统控制模块故障 防抱死制动系统控制模块与制动助力器模块之间通过 FlexRay 网络进行通信 使用厂家认可的诊断设备，检查防抱死制动系统控制模块和制动助力器模块是否存在与网络相关的故障码。必要时进行维修 检查主蓄电池和辅助蓄电池是否均已充满电。检查每个蓄电池的搭铁连接。如有必要，进行修复 确认配电盒开关 2 处于关闭位置 使用厂家认可的诊断设备，检查防抱死制动系统控制模块和制动助力器模块，并将其软件更新至最新版本 参考电路图，检查防抱死制动系统控制模块与制动助力器模块之间的 FlexRay 总线电路是否对地短路、对电源短路、断路或电阻值过大。必要时进行维修 完成车辆休眠循环并重新测试

2. 定点测试方法

定点测试 A：制动片过早磨损/磨损不均匀，测试方法见表 3-7。

表 3-7　定点测试方法

测 试 条 件	详细信息/结果/操作
初始检查，确定制动片异常磨损具体位置	评估哪套制动片过早磨损或磨损不均匀
实际道路测试应综合考虑车辆、周围环境、工况等因素 车辆：测试前检查车况，确保制动系统正常，轮胎花纹、气压符合要求 环境：选择干燥、平坦、无干扰的路面，风速小于 5m/s，减少环境噪声干扰 工况：涵盖多种行驶工况，记录制动时噪声数据 测量：在车内外布置麦克风，同步记录噪声、车速、制动压力等数据	是否从前或后制动器传出金属研磨噪声，同时/或者仪表盘（IC）上制动片磨损传感器指示灯亮 是 拆解受影响的制动卡钳总成。清洁支座和滑动销，并涂抹新的润滑脂。重新装配制动卡钳，并根据需要更换制动片，确保制动片可在制动卡钳中自由移动 否 提交，并附加有问题的制动器的图片

任务评价

基本信息	姓名		学号		班级		组别	
	角色							
	规定时间		完成时间		考核日期		总评成绩	

	序号	步骤	完成情况		标准分	评分
			完成	未完成		
考核内容	1	线控制动故障检查与验证				
	2	掌握线控制动系统关键技术				
	3	分析制动系统电路图				
	4	线控制动系统供电电源故障检修				
	5	线控制动系统 CAN 通信故障检修				
7S 管理（整理、整顿、清扫、清洁、素养、安全、节约）						
团队协作						
沟通表达						
工单填写						
教师评语						

项目四

智能网联汽车线控驱动系统装调与检修

线控驱动系统（Drive By Wire，DBW）是智能网联汽车的必要关键技术，为智能网联汽车实现自主行驶提供了良好的硬件基础。智能网联汽车的线控驱动可以调节车辆纵向运动中车辆向前的运动，实现对车辆期望车速的精准控制。线控驱动系统将原来由机械传递，如驾驶人踩加速踏板动作，变成由电信号精确传递驾驶人动作。若是自动驾驶模式，将由计算平台替代踩加速踏板、操纵变速杆等，由电信号来控制驱动电机。线控驱动系统的实现需要线控节气门系统和线控换档系统配合实现。线控驱动作为最成熟的线控技术之一，可通过直接转矩通信、伪节气门安装、节气门调节等方法实现。针对开放发动机和电动机转矩通信接口协议的车辆，线控驱动控制器直接通过控制器局域网络（Controller Area Network，CAN）向发动机或者电动机发送目标转矩请求，实现整车加速度控制。智能网联汽车线控驱动系统的工作模式可以分为人工驾驶模式和自动驾驶模式，如图4-1所示。两种工作模式的主要区别在于信号的来源不同。

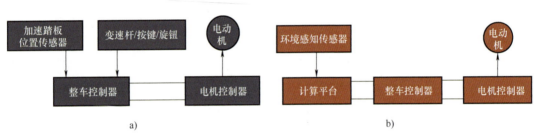

▲ 图4-1 智能网联汽车线控驱动系统工作模式
a）人工驾驶模式 b）自动驾驶模式

任务一 智能网联汽车线控驱动系统安装与调试

任务目标

▶ 知识目标

1. 掌握线控驱动系统的定义和结构。
2. 掌握线控节气门系统的结构和工作原理。
3. 掌握驱动电机的类型、特点和工作原理。
4. 了解电机控制器的功能和工作过程。

▶ 能力目标

1. 具有拆装与更换线控驱动系统相关部件的能力。
2. 具有安装与调试线控驱动系统的能力。

素养目标

1. 使学生树立爱岗敬业、脚踏实地、精益求精的工匠精神。
2. 养成拆卸安装过程中良好的劳动习惯。
3. 培养应用技术资料完成结构认知自学的职业素养。
4. 通过实践项目养成团队协作意识。

任务描述

某整车生产厂家正在生产一款智能网联汽车，小宇作为线控驱动系统装配和调试人员，请小宇自主完成线控驱动系统中驱动电机的结构、原理记录与驱动系统的安装调试工作。

知识链接

一、线控驱动系统概述

线控驱动系统可利用传感器、控制单元及电磁执行等机构部分或完全取代传统气动、液压等机械控制的方式，并由电信号直接对车辆动力系统进行控制执行，使车辆实现起步和加速等正常行驶的功能，其核心是实现车速的主动控制，包含有线控油门系统和线控换档系统。

传统燃油汽车的线控油门取消踏板和节气门间机械结构，电控单元根据踏板位移传感器及车速、轮速等信息，计算得到最佳的节气门开度，再通过驱动节气门控制电动机改变发动机节气门开度，实现车辆速度的自动控制。纯电动汽车线控驱动系统没有节气门装置，由整车控制器接收踏板、车速信号，以及蓄电池电压、驱动电机的状态信息，实现转矩的计算和分配，电机控制器接收到整车控制器的转矩需求后通过控制电动机转矩进行驱动。其控制逻辑如图 4-2 所示。

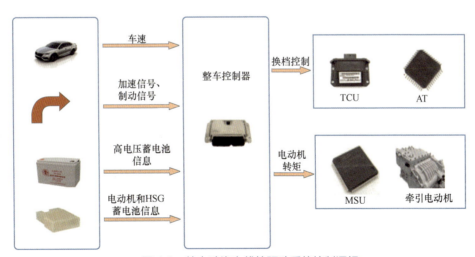

▲ 图 4-2 纯电动汽车线控驱动系统控制逻辑

线控驱动系统的主要组成包括电控单元、加速踏板、电机控制器、驱动电机或发动机、换档装置和机械传动装置等。图 4-3 所示为纯电动汽车的线控驱动系统。

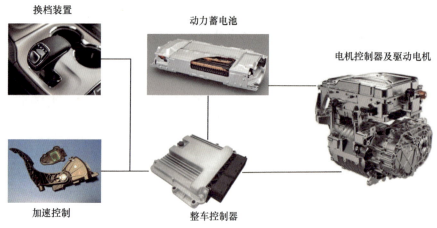

▲ 图 4-3 纯电动汽车的线控驱动系统

线控驱动系统是智能网联汽车实现的必要关键技术，为智能网联汽车实现自主行驶提供了良好的硬件基础。图 4-4 所示为智能网联汽车自动起步的过程。当车辆通过传感器感知交通信号灯由红灯变为绿灯时，计算平台通过 CAN 总线给整车控制器发送请求起步信号，整车控制器经过计算后将起步指令发送给线控驱动系统控制器，线控驱动系统控制器经过运算后将控制指令发送给执行器，并最终由执行器完成起步任务，实现自动驾驶。

二、线控油门系统认知

线控油门系统通过传感器采集加速踏板位置及快慢的信号，这个信号被控制单元接收和解读，然后发出控制指令，实现加速踏板功能的电子控制，从而控制车辆的行驶速度。线控节气门系统的优势如下：

（1）经济性、舒适性好　可根据驾驶人踩下踏板的动作幅度判断驾驶人意图，综合车况精确合理控制节气门开度，以实现不同负荷和工况下发动机的空燃比都能接近于最佳理论状态——14.7∶1，使燃油经济性和驾驶舒适性同时达到最佳状态。

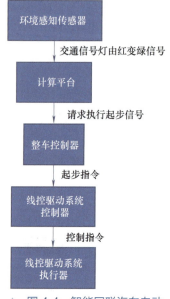

▲ 图 4-4 智能网联汽车自动起步的过程

（2）控制精确度高、稳定性高，不易熄火　在收到踏板信号后会进行分析判断再给节气门执行单元发送合适的指令保证车辆稳定行驶。

（3）节能减排、降低故障率　与油压、温度和废气再循环电子信号结合，减少废气排放，减少机械组合零部件，相应减小机械结构的质量，降低机械零部件的维修概率。

目前，智能网联汽车普遍采用纯电动的驱动方式，整车控制器是其线控油门系统的控制核心。整车控制器的主要功能是通过接收车速信号、加速度信号以及加速踏板位移信号，实现转矩需求的计算，然后发送转矩指令给电动机控制单元，进行电动机转矩的控制，所以通过整车控制器的速度控制接口来实现线控驱动控制。其工作过程如图 4-5 所示。

电机驱动系统是纯电动汽车线控油门系统的心脏，用于将电能转化为机械能进而驱动车辆，还可将车轮的动能回收到动力蓄电池中，如图 4-6 所示。电机驱动系统由电动机、控制器和逆变器等构成，通过高低压线束、冷却管路与整车其他系统进行电气和散热连接。

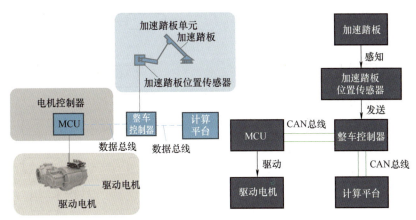

▲ 图 4-5 纯电动汽车线控油门系统工作过程

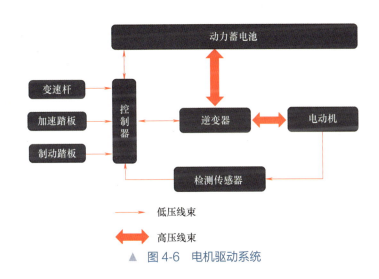

▲ 图 4-6 电机驱动系统

1. 纯电动汽车驱动系统的布置形式

纯电动汽车驱动系统的布置形式取决于驱动电机的数量和位置等，如图 4-7 所示，主要有以下几种：

1）带离合器的传统驱动模式：和传统汽车一样，只是用动力蓄电池和驱动电机取代了发动机。

2）固定减速比减速器的驱动模式：驱动系统去掉离合器，驱动电机直接与减速器相连。

3）驱动电机与传动系统同向布置模式：驱动电机、固定速比减速器和差速器被进一步整合为一体，布置在驱动轴上，整个驱动系统被极大简化和集成化。

4）双电机整体驱动模式：两个独立的驱动电机分别与减速器相连，去掉差速器直接驱动车轮，每个驱动电机单独完成一侧车轮的驱动。

5）轮毂或轮边电动机驱动模式：把车轮与电动机集成，进一步减少驱动系统的部件。这也是未来的发展趋势。

2. 驱动电机的结构及工作原理

电机是指依据电磁感应定律实现电能转换或传递的电磁装置。新能源汽车用电机一般具有电动和发电两种功能，以实现车辆行驶过程中的动力驱动以及车辆减速制动过程中的能量回收。电机的具体类型如图 4-8 所示。

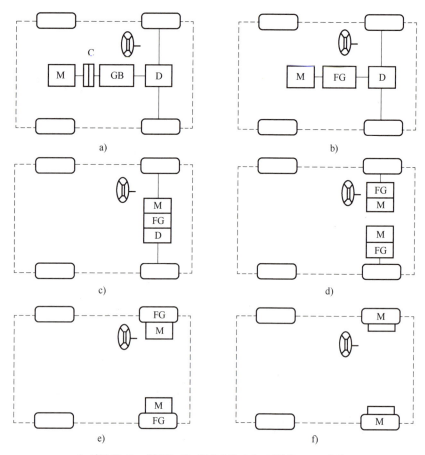

C—离合器 D—差速器 M—驱动电机 FG—减速器 GB—变速器

▲ 图 4-7 纯电动汽车驱动系统布置形式

a）带离合器的传统驱动模式 b）固定减速比减速器的驱动模式 c）驱动电机与传动系统同向布置模式
d）双电机整体驱动模式 e）轮边电动机驱动模式 f）轮毂电动机驱动模式

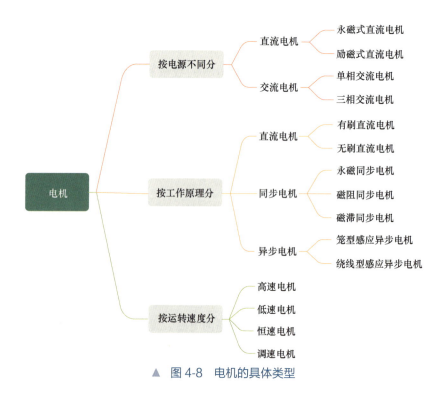

▲ 图 4-8 电机的具体类型

目前主流的电机供应商以及配套的车企见表4-1。

表4-1 新能源汽车主流的电机供应商及配套车企

电机供应商	配套车企	电机供应商	配套车企
丰田	丰田	大洋电机	一汽、东风、上汽、华晨、北汽福田、奇瑞
大陆	通用、戴姆勒、雷诺	比亚迪	比亚迪
采埃孚	奔驰、宝马、奥迪、大众	北汽新能源	北汽
东芝	福特、大众	斯科若电器	吉利
富田电机	特斯拉	深圳大地和	广汽、东风
博世	大众、PSA	日产	东风日产
麦格纳	福特、沃尔沃	精进电动	北汽、北汽福田、戴姆勒
现代摩比斯	现代、起亚	上海大郡	上汽、上汽申沃、宇通、厦门金龙
日立	雪佛兰	南洋电机	江淮、厦门金龙、苏州金龙、安凯客车
安川电机	马自达	江苏微特利	吉利、华晨、海马
EM-Motive GmbH	戴姆勒	巨一自动化	江淮

常见的驱动电机有直流电机、永磁同步电机、交流异步电动机、开关磁阻电机等，其中，永磁同步电机和交流异步电动机目前应用最广泛。

（1）永磁同步电机　永磁同步电机主要由电机外壳、定子铁心和定子绕组、转子与永磁体、电机引线、信号检测器、检测器引线等组成，如图4-9所示。定子与传统同步电机相同，转子采用径向永久磁铁做成的磁极，转子上粘有钕铁硼磁钢。转子与旋转磁场同步旋转，旋转磁场的速度取决于电源频率。与多相交流同步电机和感应电机类似，永磁同步电机产生理想的恒转矩称为平稳转矩。

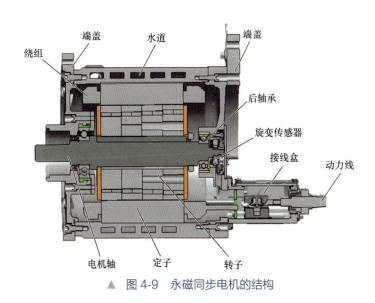

▲ 图4-9 永磁同步电机的结构

永磁同步电机的工作原理如图4-10所示。定子三相对称绕组通入三相对称交流电，产生旋转磁场，用N、S极表示。该旋转磁场与转子永磁体相互作用，使转子产生电磁转矩，从而带动永磁转子随旋转磁场同步旋转。

永磁同步电机的特点如下：

1）高效节能、功率因数高。效率可以达到95%以上。因永磁电机没有励磁功率，无功损耗小，功率因数高，功率因数在0.95~0.99之间，接近1，系统综合节电明显。

2）效率曲线平直。永磁同步电机效率曲线好，负载在1/4时，效率仍能达到92%以上。

3）结构简单，便于维护。其主要由定子、转子和机壳构成，无集电环、无电刷，使用寿命长，维护方便。

4）调速精度高。永磁同步电机的转速完全与频率同步，不受电源电压和负载变化的影响，在任何情况下永磁同步电机的转速与同步转速的误差都不大于0.25r/min，如果超过5r/min，就进入失步状态。

（2）交流异步电动机　三相交流异步电动机主要由定子、转子、机座、支架、外壳、风扇罩和冷却风扇等组成。图4-11所示为三相笼型交流异步电动机的结构。异步电动机转子与定子之间没有任何电气上的联系，能量的传递全靠电磁感应作用。转子和定子间由非常小的气隙隔开，根据电机容量的大小不同，气隙一般在0.4~4mm范围内。若气隙过小，使电机装配困难，附加损耗增加，起动性能变差以及运行不可靠；若气隙过大，则电机运行时的功率因数降低。

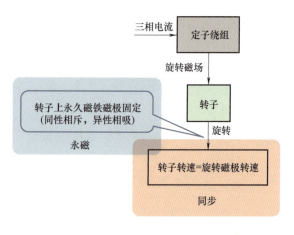

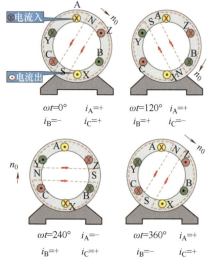

▲ 图4-10　永磁同步电机的工作原理

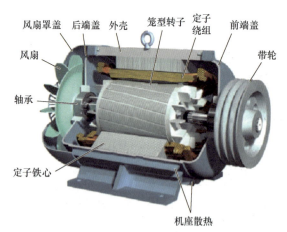

▲ 图4-11　三相笼型交流异步电动机的结构

异步电动机的旋转方向与通入绕组的三相交流电相序有关。任意对调两根三相电源接到定子绕组上的导线，就可以改变异步电动机的旋转方向。由于旋转磁场不断切割转子中的闭合导体，产生感应电动势和感应电流，再由转子中的感应电流和旋转磁场的相互作用产生电磁转矩，使转子随着旋转磁场的方向同向运转。图4-12所示为定子和转子合成磁场的方向变化。在异步电机中，为保持旋转磁场始终切割转子导体产生感应电流，转子转速小于旋转磁场的速度。

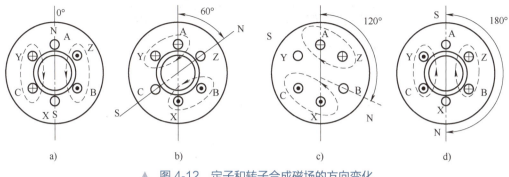

▲ 图 4-12 定子和转子合成磁场的方向变化

a）$\omega t=0°$　b）$\omega t=60°$　c）$\omega t=120°$　d）$\omega t=180°$

异步电动机的优点如下：

1）小型轻量化。

2）易实现转速超过 10000r/min 的高速旋转。

3）高速低转矩时运转效率高。

4）低速时有高转矩，以及有宽泛的速度控制范围。

5）高可靠性（坚固）。

6）制造成本低。

7）控制装置简单化。

3. 电机控制器的结构及工作原理

电机控制器是控制动力电源与驱动电机之间能量传输的装置，由控制面板、逆变器、电容器和电流传感器等部分组成。图 4-13 所示为某车型电机控制器的结构。电机控制器是通过集成电路的主动工作来控制电机按照设定的方向、速度、角度和响应时间进行工作的模块。

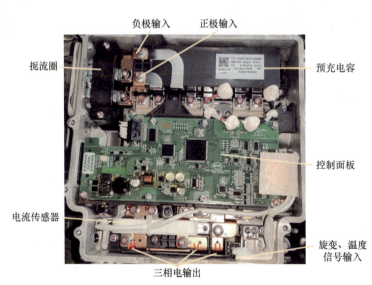

▲ 图 4-13 某车型电机控制器的结构

电机控制器的核心部件是逆变器，它将直流电压变成具有可变电压等级、电流强度和可变频率的三相交流电，使电机实现加速或制动。当车辆处于驱动模式时，高压蓄电池的直流电压被分配在驱动电机的相位连接头上，从而产生三相电压，如图 4-14 所示；当车辆处于能量回收模式时，电机产生的三相交流电压被转换成动力蓄电池充电所需的直流电，如图 4-15 所示。

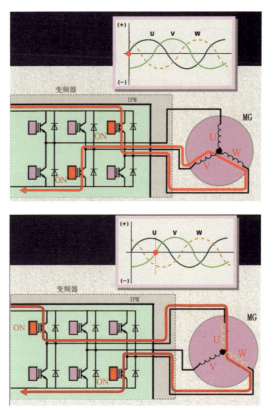

▲ 图 4-14 驱动模式

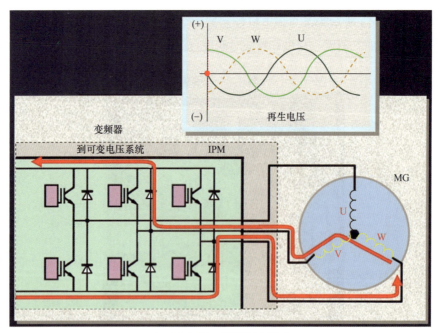

▲ 图 4-15 能量回收模式

三、线控换档系统认知

线控换档机构（Shift-By-Wire）是一种不需要任何机械结构，仅通过电控来实现传动的机构。相比传统换档机构，线控换档机构没有了拉索的束缚，整个系统变得更轻、更小、更智能。传统的手动换档机构和自动换档机构与变速器之间连着长长的拉索，拉索可谓是实现车辆变速的生命线，没有它,无论手柄怎么动,变速器都是不会实现变速的。由于线控换档机构取消了笨重的机械装置,因此布置较为灵活,各大主机厂推出了各式各样的、科技感十足的换档方式。其大致分为4种,如图4-16所示。

▲ 图4-16 线控换档装置的类型

线控换档系统工作过程如图4-17所示。当驾驶人挂入某一个档位时,传感器就将档位请求信号传送到换档控制单元,同时,换档控制单元根据汽车上其他的各种信号(例如车速、节气门开度以及安全带、车门开关信号等)进行分析,根据通信协议进行判断是否执行换档请求。如果确认没有任何问题,换档控制单元会发出指令,让换档执行单元实现档位的切换,并将策略档位发送给仪表显示当前档位。同时,换档控制单元接收传感器发出的反馈档位信号,如果被分析到有错误操作的存在,例如高速行驶中突然向前挂倒档,会被换档控制单元认为是错误信号,这种情况下换档控制单元就不会给换档执行单元发送操作指令。

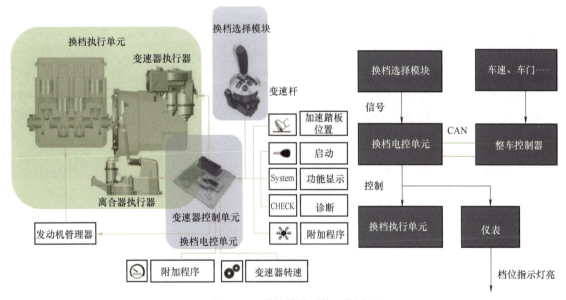

▲ 图4-17 线控换档系统工作过程

线控换档的优点如下:

1)质量小,有利于轻量化。
2)体积小,节省储物空间。
3)布置位置灵活,形式多变、科技感十足,可提高品牌竞争力。
4)便于集成附加功能,如全自动泊车(APA)、自动驻车档请求、实现手动/运动换档模式、驾驶人安全带保护、车门打开安全保护、实现整车防盗功能、多重硬线唤醒、驾驶习惯学习等。
5)对于电子换档+手动变速器来说,驾驶人的换档错误操作会由计算机判断出是否会对变速器造成损伤，从而更好地保护变速器和纠正驾驶人的不良换档操作习惯。

任务实施

任务说明：本任务以郑州宇通的智能网联车辆为载体，进行驱动电机总成的安装和线控驱动系统的调试。

一、驱动电机总成安装

1. 检查物料

1）核对物料与物料清单（BOM）保持一致，检查驱动电机表面应该没有划伤、裂纹和锈蚀缺陷，如图 4-18 所示。

2）使用吊具吊起预装后的动力总成，放置到举升工装上。

2. 吊运驱动电机

1）用自行葫芦线或行车加吊钩吊起驱动电机，平稳放置到电机举升小车的电机支撑架上，驱动电机吊孔位置如图 4-19 所示。

2）取下吊钩，将自行葫芦线或行车加吊钩回位。

备注：

1）行车吊运时，注意周边安全。

2）如果生产线无自行葫芦线或行车加吊钩，允许采用叉车进行叉运。

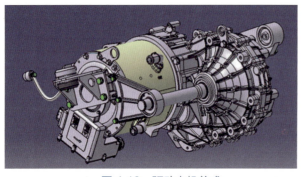

▲ 图 4-18 驱动电机总成

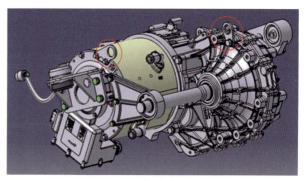

▲ 图 4-19 驱动电机吊孔位置

3. 举升驱动电机

1）观察周围转运空间，推动电机举升小车至车架后端下方。

2）缓缓升起小车，调整小车位置。驱动电机悬置胶垫安装孔与车架安装孔位置如图 4-20 所示。

3）过程中间观察驱动电机，不得有磕碰挤坏。

▲ 图 4-20 驱动电机悬置胶垫安装孔与车架安装孔位置

4. 预装驱动电机悬置

1）从安装孔穿入悬置螺栓，前、后悬置胶垫与上支架结合处，注意按图样安装平垫（以物料清单为准）。左悬置胶垫安装图如图 4-21 所示。

2）待螺栓完全穿入后，滴乐泰 271 锁固胶至螺栓与螺母啮合处，使乐泰胶在螺栓上均有涂覆，安装螺母，并使用液压脉冲扳手预紧。

3）安装完成后，移出安装小车。

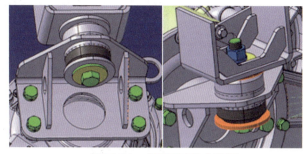

▲ 图 4-21　左悬置胶垫安装图

5. 检查驱动电机周围间隙

检查驱动电机与周围存在相对运动部件的间隙 ≥15mm，不符合质量要求时，联系设计及工艺人员现场解决。目测可有效判定时，可不使用盒尺测量。

6. 紧固驱动电机悬置胶垫螺栓

按照质量要求，调整扭力扳手力矩值，用扭力扳手拧紧，听见"咔嗒"声后，停止紧固，点红漆，扳一个点一个，如图 4-22 所示。

备注：若预装驱动电机悬置工序已涂抹油漆，则此工序不再涂。

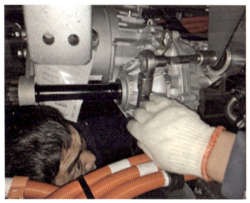

▲ 图 4-22　涂抹油漆

7. 安装左、右驱动轴

1）装配左、右驱动轴时，先将轮速传感器探头拆下，以免装配传动轴时传感器被齿圈碰坏。拆卸完毕注意标记拆传感器，后续安装时，左、右传感器需按照原有左、右顺序恢复。

2）安装左、右驱动轴，驱动轴与减速器通过花键连接，卡簧定位。驱动轴与减速器安装时，不需要涂抹润滑脂。

3）驱动轴与轮边按质量要求安装紧固。

4）安装转速传感器探头。根据标记的左右顺序，将传感器穿入左、右传感器安装孔内，传感器固定孔与悬架上固定孔对准后，穿入此前卸下的螺钉，紧固螺钉直至螺钉完全打入固定孔且确认传感器无松动后停止紧固，并在螺钉头上画蓝线确认。传感器安装到位后，使用塞尺测量图 4-23 所示传感器与齿圈间隙，间隙要求为 0.2~1mm。测量完毕后，记录检测的车工号，并备注是否合格。

二、线控驱动系统调试

1. 修改本机 IP

1）将调试网线水晶头插入笔记本有线网口，OBD 公头插入预留的 OBD 口。

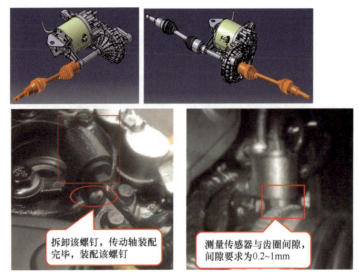

▲ 图 4-23　安装驱动轴

2）依次单击安装了 Windows 操作系统的计算机上的控制面板→网络和 Internet →网络和共享中心→本地连接"可能显示以太网 3（数字或许不同）"→属性→ Internet 协议版本 4（TCP/IPv4），选中并使用图 3-52 所示的 IP 地址。

3）选中使用下面的 IP 地址（S）和使用下面的 DNS 服务器地址（E），然后依据图 3-52 中所示设置 IP 地址：192.168.100.110，子网掩码：255.255.255.0；最后单击"确定"按钮。

2. Kill_Vehicle

1）打开 ibus_FrameTool.exe 软件，并切换到下线检测工具界面。

2）单击"Kill_Vehicle"按钮，出现"执行命令成功！"的弹窗，如图 3-53 所示。

注意事项：

1）笔记本计算机 WiFi 关闭，只保留有线连接，否则可能会出现网络不通。

2）笔记本计算机只启动本测试软件，不要启动其他软件，否则可能会产生非预期结果。

3. 参数设置

1）单击"参数设置"按钮，进入参数设置子界面。

2）选择 CAN 服务标签页，设置 CAN 参数。

3）依据待测试功能标签页 2 上的提示，设置 CAN 参数 3。

4）以门灯测试为例：标签页提示"端口 7"，表示 CAN 参数设置部分，发送端口 7，采集端口为 62007，采集 IP 固定为 100.21，如图 3-54 所示。

4. 动力测试（动态）

1）依据标签页提示转到参数配置步骤配置 CAN 参数，发送端口 8，接收端口 62008。

2）软件切换到"动力测试"界面，单击"连接 CAN 服务 /CAN 卡"，然后单击"启动测试"。此时"接收状态"栏会实时显示当前档位、VCU 节气门开度、人工节气门开度、转向辅助，如图 4-24 所示。

3）单击"控制状态"复选框使其处于" "，将 VCU 节气门开度调整为 0，档位通过鼠标点选的方式切换为 N 位，观察软件显示接收状态、仪表显示档位及面板档位（电子按键换档器）是否保持一致。

4）重复步骤 3），输入档位分别为 R 位和 D 位。

5）用鼠标调整"VCU 节气门开度"，来实现行车。请检查实时状态是否与控制状态一致，同时通过鼠标拖动"转向辅助"和"制动辅助"的滚动条来调整转向角度和制动减速度。

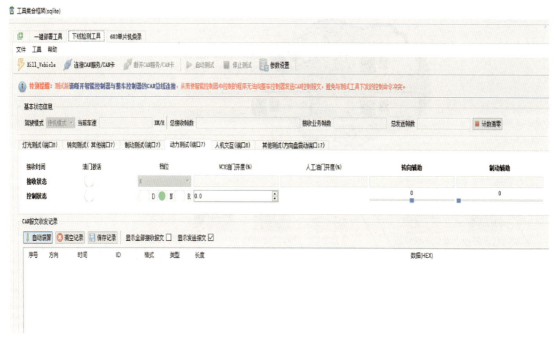

▲ 图 4-24 动力测试

6）若上述测试状态均符合，则单击"停止测试"然后单击"断开 CAN 服务 /CAN 卡"结束动力测试。

注意：动力测试时，注意先释放电子驻车制动器；测试过程中注意行车安全，为了安全，转向辅助允许转向角度为 –300~+300，制动辅助允许制动减速度范围为 0~–2，节气门的最大开度允许值为 20%。

5. 下电重启

驾驶人将点火开关转至 OFF 档，翘板开关下电，再将点火开关转至 ON 档，进行智能控制器下电重启操作，以免影响后续标定。

知识拓展

线控驱动系统发展方向

在电动化、智能化、多样化技术变革驱动下，线控驱动系统作为汽车智能底盘的重要组成部分，不仅要完成传统驱动系统的功能，还需要满足汽车技术变革提出的新需求，如图 4-25 所示。

1. 驱动主动安全需求

线控驱动系统出现故障时，尽量延长驾驶人的管理时间，并在紧急情况下做系统之间的协调保护，以避免严重事故的发生。

2. 外部或远程访问需求

驱动系统与智能传感器紧密融合，支持远程或外部的访问或控制，以及智能网联和自动驾驶的需求多样化。

3. 冗余安全需求

针对机械失效的风险，需要通过对电动机及制动系统进行优化设计，分别做到双路冗余的零部件设计，以便在控制层失效和驱动系统机械系统失效的情况下能够将安全风险降到最低。

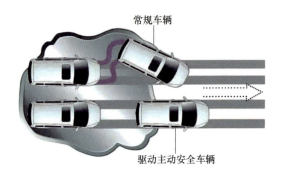

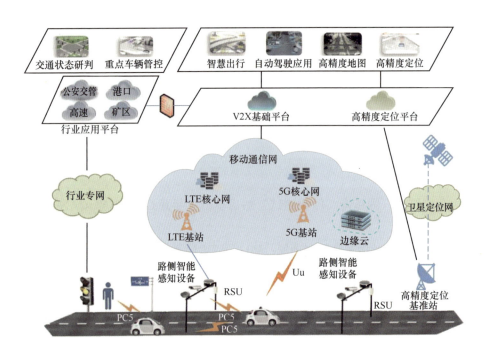

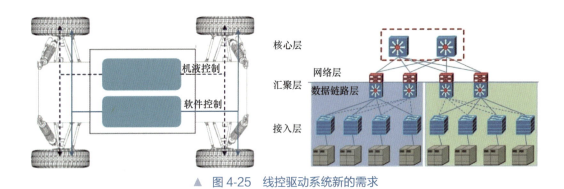

▲ 图 4-25 线控驱动系统新的需求

4. 网络安全需求

控制器增多和网络接入的程度越来越深,针对该情况,需要对控制系统进行分层管理,同时建立多冗余系统的软件备份,在单一系统失效时保持车辆的使用功能,最大程度保证车辆的安全性。

任务评价

基本信息	姓名		学号		班级		组别	
	角色							
	规定时间		完成时间		考核日期		总评成绩	

	序号	步骤	完成情况		标准分	评分
			完成	未完成		
考核内容	1	线控节气门系统认识				
	2	线控换档系统认识				
	3	驱动电机拆装				
	4	线控驱动系统调试				
7S 管理（整理、整顿、清扫、清洁、素养、安全、节约）						
团队协作						
沟通表达						
工单填写						
教师评语						

任务二　智能网联汽车线控驱动系统故障诊断与排除

任务目标

▶ 知识目标

1. 熟悉线控驱动系统的电路图。
2. 掌握线控驱动系统相关部件插接器的端子定义。

▶ 能力目标

1. 具有识读线控驱动系统电路图的能力。
2. 具有诊断与排除线控驱动系统故障的能力。

▶ 素养目标

1. 使学生树立爱岗敬业、脚踏实地、精益求精的工匠精神。
2. 使学生树立勤奋好学、吃苦耐劳、专注耐心的敬业精神。
3. 培养学生充分利用时间和资源，区分重点和监督自己的意识。

任务描述

一辆智能网联汽车，当踩下加速踏板时，车辆无法行驶。小宇作为线控驱动系统检修人员，请小宇对该车辆进行故障诊断并排除，然后对故障诊断过程进行记录。

知识链接

线控驱动系统电路分析

该车的一键启动系统如图 4-26 所示。当踩下制动踏板、按下一键启动按钮时，一键启动控制单元通过低频天线寻找钥匙，如果钥匙在车内，则将防盗密码发送给一键启动控制单元，一键启动控制单元验证钥匙是否合法。如果合法，则解除车辆防盗，同时让 IGN 继电器吸合工作，IGN 继电器给各模块进行供电，然后各模块进行自检，自检通过后车辆上高压电。

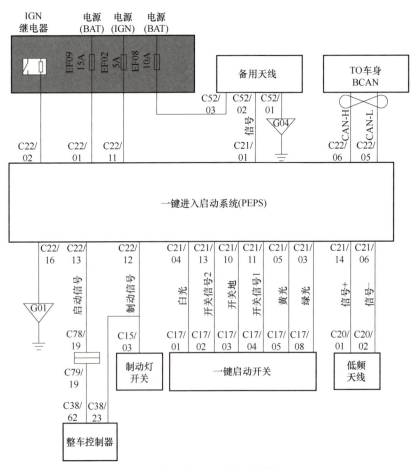

▲ 图 4-26 一键启动系统

整车控制系统如图 4-27 所示。整车控制器有两路供电，一路是常电，另一路来自 IGN 继电器供电。电子换档、加速踏板以及制动踏板的信号都发送给整车控制器进行分析处理，分析结果用来控制 MC 继电器的吸合，从而控制电机控制器的供电，并将信息通过 CAN 总线发送给蓄电池管理器、电机控制器、计算平台和车载远程智能终端等模块。

电机控制系统如图 4-28 所示。电机控制器的电源来自 MC 继电器，MC 继电器受控于整车控制器。电机控制器通过 CAN 总线与其他模块进行信息交互，从而实现对电机工作状态的控制。

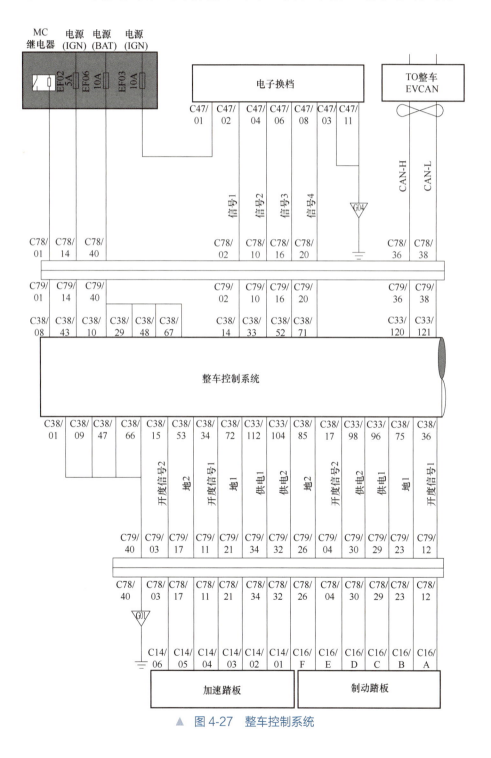

▲ 图 4-27　整车控制系统

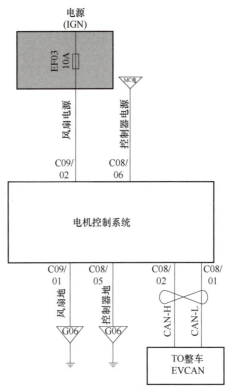

▲ 图 4-28　电机控制系统

任务实施

一、任务准备

本任务以智能网联实训车辆为载体，进行线控驱动系统的故障诊断与排除。

操作设备：智能网联实训车辆。

工具/仪器：绝缘拆装工具套装、绝缘螺钉旋具套装、万用表、示波器等。

人员分工：组长 1 名，记录人员 2 名，检验人员 2 名，操作人员若干。以上人选角色可通过选举、自荐及教师指定等来担任。通过多个任务的训练，争取让每个学生轮流担任每个角色，最终提升学生的综合能力。

实训场地：智能网联汽车线控技术实训室。

二、电机控制器通信故障诊断与排除

故障现象：车辆无法上高压电，仪表上不显示剩余电量、续驶里程和档位信息等，如图 4-29 所示。

故障码（图 4-30）：0x4003、ICAN LOST、0x4002、EVCAN LOST。

故障分析：通过分析上述的故障现象和故障码，初步判断是 EVCAN 故障。

测量过程如下：

第 1 步：利用示波器测量 EVCAN 的波形（图 4-31），波形为两条 2.5V 的直线，判断 EVCAN 的 CAN-H 线和 CAN-L 线相互短路。

第 2 步：查找具体的短路点，通过插拔 EVCAN 上不同模块并测量 CAN-H 线和 CAN-L 线之间的电阻值（图 4-32），锁定故障点在电机控制器的总线线束上。

项目四　智能网联汽车线控驱动系统装调与检修

▲ 图 4-29　仪表显示（一）

▲ 图 4-30　故障码（一）

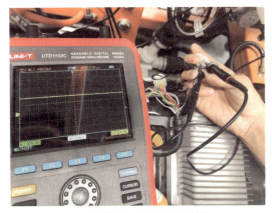

▲ 图 4-31　EVCAN 波形

▲ 图 4-32　测量 CAN-H 线和 CAN-L 线的阻值

故障点：电机控制器的 C08/1-C08/2 互相短路。

排除故障：更换损坏的线束，试车，车辆可以上高压电，一切正常，仪表显示如图 4-33 所示。

三、整车控制器供电故障诊断与排除

故障现象：车辆无法上高压电，仪表不显示剩余电量、续驶里程和档位等信息，如图 4-34 所示。

▲ 图 4-33　故障排除后仪表显示

▲ 图 4-34　仪表显示（二）

故障码：无相关系统故障码，如图 4-35 所示。

故障分析：根据上述故障现象初步判断整车控制器供电、搭铁、自身及相关电路等有故障。

测量过程如下：

第 1 步：测量整车控制器常电供电，C38/10 端电压值为 198.8mV，如图 4-36 所示，正常值应为 12V 左右。

135

▲ 图 4-35　故障码（二）

▲ 图 4-36　测量整车控制器 C38/10 端电压

第 2 步：测量上游供电熔丝 EF06 的下端电压，其电压值为 354.3mV，如图 4-37 所示。

第 3 步：测量熔丝 EF06 的上端电压，其电压值为 12.39V，如图 4-38 所示。

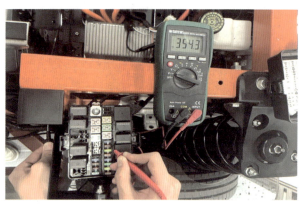

▲ 图 4-37　测量熔丝 EF06 的下端电压

▲ 图 4-38　测量熔丝 EF06 的上端电压

故障点：整车控制器供电熔丝 EF06 熔断。

排除故障：更换损坏的熔丝，试车，车辆可以上高压电，一切正常。

四、加速踏板位置传感器故障诊断与排除

故障现象：车辆可以上高压电，挂前进档踩加速踏板无法行驶，仪表显示正常。

故障码：无相关系统故障码。

故障分析：根据上述的故障现象初步判断加速踏板位置传感器及相关电路故障。

测量过程如下：

第 1 步：测量整车控制器端加速踏板位置传感器输入信号，不踩加速踏板时，整车控制器 C38/34 端电压值为 4.0mV，正常值为 5V 左右；踩下加速踏板时整车控制器 C38/15 端电压值为 3.8mV，正常值应为 5V 左右，如图 4-39 所示。

第 2 步：测量加速踏板位置传感器端输出信号，不踩加速踏板时，C14/4 端电压值为 0.2mV，正常值应为 5V 左右；踩下加速踏板时，C14/6 端电压值

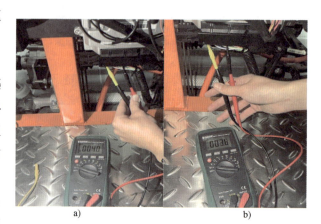

▲ 图 4-39　整车控制器端加速踏板位置传感器输入信号
a）不踩加速踏板　b）踩下加速踏板

为 0.7mV，正常值应为 5V 左右，如图 4-40 所示。

故障点：加速踏板位置传感器（图 4-41）损坏。

▲ 图 4-40 加速踏板位置传感器端输出信号
a）不踩加速踏板 b）踩下加速踏板

▲ 图 4-41 加速踏板位置传感器

排除故障：更换加速踏板位置传感器，试车，车辆可以正常行驶。

任务评价

基本信息	姓名		学号		班级		组别	
	角色							
	规定时间		完成时间		考核日期		总评成绩	
考核内容	序号	步骤		完成情况		标准分		评分
				完成	未完成			
	1	整车控制器故障诊断						
	2	电动机驱动系统故障诊断						
	3	加速踏板位置传感器故障诊断						
	4	档位控制系统故障诊断						
7S 管理（整理、整顿、清扫、清洁、素养、安全、节约）								
团队协作								
沟通表达								
工单填写								
教师评语								

项目五

智能网联汽车悬架系统安装与检修

智能网联汽车底盘线控执行系统测试与调试

汽车悬架作为车架（或车身）与车轴（或车轮）之间连接的传力机件，也是保证汽车行驶安全的重要部件。因此，汽车悬架往往被列为重要部件编入轿车的技术规格表，作为衡量轿车质量的指标之一。

线控悬架系统（Suspension By Wire），也称为主动悬架系统，是智能网联车辆的重要组成部分，主要调节车辆的垂直方向，根据车辆的实时运动情况和外界干扰输入，自主调节悬架系统的性能参数，进而调整车身的运动状态，可实现缓冲振动、保持平稳行驶的功能，使智能网联汽车具有良好的平顺性、操作性与舒适性。

由于悬架系统与自动驾驶技术路线弱相关，所以线控悬架的发展方向与技术成熟和经济性角度自我完善为主。线控悬架虽能自动调节线控弹簧的刚度、车身高度以及减振器阻尼，但由于质量、成本和可靠性的原因，目前属于非刚需配置，主要在C级和D级车中配备。

任务一　智能网联汽车悬架系统安装

任务目标

➤ 知识目标
1. 掌握悬架系统的结构。
2. 掌握非独立悬架系统的分类与结构。
3. 掌握独立悬架系统的分类与结构。

➤ 能力目标
1. 具有安装微循环车独立悬架（螺旋弹簧）的能力。
2. 具有装配微循环车后拖曳臂式独立悬架的能力。

➤ 素养目标
1. 使学生树立爱岗敬业、脚踏实地、精益求精的工匠精神。
2. 养成拆卸安装过程中良好的劳动习惯。
3. 养成应用技术资料完成结构认知自学的职业素养。
4. 能够通过实践项目养成团队协作意识。

任务描述

某整车生产厂正在生产一款智能网联汽车，小宇是线控悬架系统装配人员，昨天跟随师傅学习了悬架系统的结构，师傅要求小宇今天自主完成悬架系统中前悬架和后悬架的安装工作。

知识链接

悬架是汽车的车架（或承载式车身）与车桥（或车轮）之间一切传力连接装置的总称，其作用是传递作用在车轮与车架之间的力和力矩，并且缓冲由不平路面传给车架或车身的冲击力，减少由此引起的振动，以保证汽车能平顺地行驶。

宇通微循环车"小宇"前悬架采用双叉臂式螺旋弹簧悬架，后悬架采用拖曳臂式悬架，属于普通悬架系统。本节主要介绍普通悬架系统的结构。

一、悬架概述

悬架结构由导向机构和减振器组成，有的车型还有横向稳定器等。悬架的组成如图 5-1 所示。

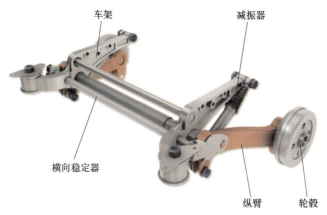

▲ 图 5-1 悬架的组成

1. 减振器

减振器是产生阻尼力的主要元件，其作用是迅速衰减汽车的振动，改善汽车的行驶平顺性，增强车轮和地面的附着力。另外，减振器能够降低车身部分的动载荷，延长汽车的使用寿命。目前，汽车中广泛使用液压减振器。其工作原理如图 5-2 所示，当车架与车桥做往复相对运动时，减振器中的油液反复经过活塞上的阀孔，由于阀孔的节流作用及油液分子间的内摩擦力便形成了衰减振动的阻尼力，使振动的能量转变为热能，并由油液和减振器壳体吸收，然后散到大气中。

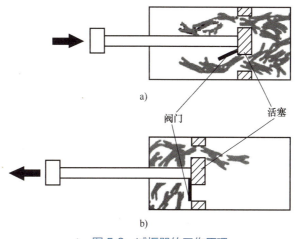

▲ 图 5-2 减振器的工作原理
a）压缩行程　b）拉伸行程

阀门越大，阻尼力越小，反之亦然。相对运动速度越大，阻尼力越大，反之亦然。阻尼力越大，振动的衰减越快，但悬架弹性元件的缓冲效果不能发挥，乘坐也不舒适，因此，弹性元件的刚度与减振器的阻尼力要合理搭配，才能保证乘坐舒适性和操纵稳定性的要求。

2. 弹性元件

弹性元件承受垂直载荷，缓和和抑制不平路面引起的振动和冲击。弹性元件主要有钢板弹簧、螺旋弹簧、扭杆弹簧、气体弹簧和橡胶弹簧等。

汽车上常用的弹性元件包括钢板弹簧、螺旋弹簧、扭杆弹簧和气体弹簧等。

（1）**钢板弹簧**　钢板弹簧由若干片长度不等的合金弹簧钢片叠加而成，构成一根近似等强度的弹性梁。

各弹簧片用中心螺栓连接，并保证各片的相对位置。中心螺栓距两端卷耳中心的距离可以是相等的，称为对称式钢板弹簧；也可以是不相等的，称为非对称式钢板弹簧。钢板弹簧的结构如图5-3所示。

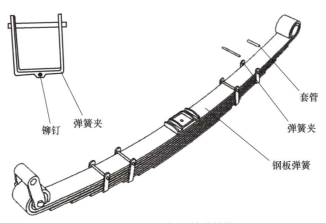

▲ 图5-3　钢板弹簧的结构

（2）**螺旋弹簧**　螺旋弹簧广泛应用于独立悬架，有些轿车的后轮非独立悬架也采用螺旋弹簧作为弹性元件。由于螺旋弹簧只能承受垂直载荷，且变形时不产生摩擦力，所以悬架中必须装有减振器和导向机构。

螺旋弹簧由特殊的弹簧钢棒卷制而成，可以制成圆柱形或圆锥形，也可以制成等螺距或不等螺距。

圆柱形等螺距螺旋弹簧的刚度是不变的，圆锥形、中凸形和不等螺距螺旋弹簧的刚度是可变的。悬架用螺旋弹簧如图5-4所示。

（3）**扭杆弹簧**　扭杆弹簧是由弹簧钢制成的杆件，扭杆的断面通常为圆形，少数为矩形或管形，其两端制成花键、方形和六角形等形状，以便一端固定在车架上，另一端固定在悬架的摆臂上。摆臂与车轮相连，当车轮跳动时，摆臂绕扭杆轴线摆动，使扭杆产生扭转弹性变形，以保证车轮与车架的弹性联系。扭杆弹簧在汽车上的安装如图5-5所示。

▲ 图5-4　悬架用螺旋弹簧

（4）**气体弹簧**　气体弹簧分为空气弹簧和油气弹簧两种。

1）空气弹簧是利用密闭容器中空气的可压缩性制成的弹簧。它的变形与载荷关系特性线为曲线，可根据需要进行设计。空气弹簧能同时承受径向和轴向载荷，也能传递一定的转矩，通过调整内部压力可获得不同的承载能力。空气弹簧的结构形式很多，有囊式和膜式等，如图 5-6 所示。

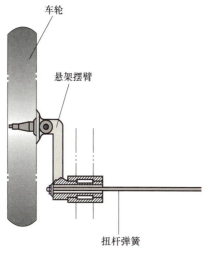

▲ 图 5-5　扭杆弹簧在汽车上的安装

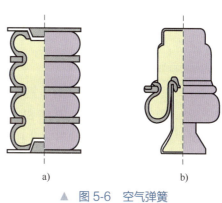

▲ 图 5-6　空气弹簧

a）囊式空气弹簧　b）膜式空气弹簧

2）油气弹簧是利用气体的压缩来存储能量的弹性元件。它是在膜式空气弹簧的基础上发展出来的。它采用金属容器作为气室，以惰性的氮气作为弹性元件，并在活塞和气体之间有油液作为中间介质。油气弹簧的球形室固定在工作缸上，室的内腔用橡胶油气隔膜隔开，充入高压氮气的一侧为气室，与工作缸相通并充满油液的一侧为油室。油气弹簧的结构如图 5-7 所示。

3. 导向机构

导向机构包括纵向推力杆和横向推力杆，用于传递纵向载荷和横向载荷，并保证车轮相对于车架（或车身）的运动关系。

4. 横向稳定器

横向稳定器的作用是防止车身在转向等情况下发生过大的横向倾斜。

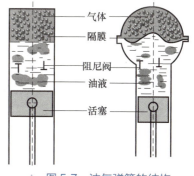

▲ 图 5-7　油气弹簧的结构

二、典型悬架的结构

1. 悬架的分类

如图 5-8 所示，汽车悬架有独立悬架和非独立悬架两种类型。

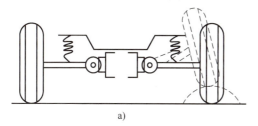

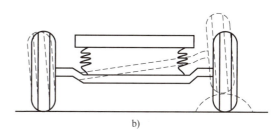

▲ 图 5-8　独立悬架和非独立悬架

a）独立悬架　b）非独立悬架

非独立悬架的结构特点是两侧车轮由一根整体式车架相连，车轮连同车桥一起通过弹性元件悬挂在车架或车身的下面。非独立悬架具有结构简单、成本低、强度高、维护容易、行车中前轮定位变化小的优点，但由于其舒适性及操纵稳定性都较差，在现代轿车中基本上已不再使用，多用在货车和大客车上。

独立悬架是每一侧的车轮都是单独地通过弹性元件悬挂在车架或车身下面。其优点是重量轻，减少了车身受到的冲击，并提高了车轮的地面附着力；可用刚度较小的弹簧改善汽车的舒适性；可以使发动机位置降低，汽车重心降低，从而提高汽车的行驶稳定性；左、右车轮单独跳动，互不相干，能减小车身的倾斜和振动。

2. 典型非独立悬架

（1）钢板弹簧式非独立悬架　由于钢板弹簧可兼起导向机构的作用，使悬架系统大为简化。这种悬架广泛用于货车的前、后悬架中。某些SUV的后悬架也使用钢板弹簧非独立悬架。它中部用U形螺栓将钢板弹簧固定在车桥上。钢板弹簧式非独立悬架的结构如图5-9所示。

（2）螺旋弹簧式非独立悬架　螺旋弹簧式非独立悬架一般只用于轿车的后悬架，如图5-10所示。两根纵向推力杆的中部与后桥焊接为一体，前端通过带橡胶的支撑座与车身作为铰链连接，后端与轮毂相连接。纵向推力杆用以传递纵向力及其力矩。整个后桥、纵向推力杆及车轮可以绕支撑座的铰支点连线相对于车身做上、下纵向摆动。

▲ 图5-9　钢板弹簧式非独立悬架的结构

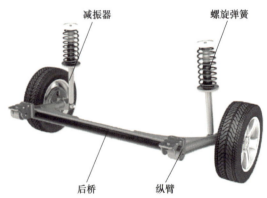

▲ 图5-10　螺旋弹簧式非独立悬架的结构

（3）拖曳臂式悬架　宇通微循环车"小宇"后悬架采用拖曳臂式悬架，下面介绍一下这款非独立悬架的结构，如图5-11所示。

拖曳臂式悬架也称为纵臂扭转梁式非独立悬架，两个车轮分别通过纵臂连接，纵臂通过扭杆弹簧刚性连接。

采用拖曳臂式悬架的车辆，当两个车轮的弹簧压缩时相当于非独立悬架，而一个车轮的弹簧压缩时相当于独立悬架，所以某些汽车厂商常常把这种结构称为半独立悬架。这种结构的悬架常用于轿车后悬架。

▲ 图5-11　拖曳臂式悬架

拖曳臂式悬架按结构可以分为半拖曳臂式和全拖曳臂式两种类型。

半拖曳臂式悬架的拖臂平行或适当倾斜于车身，拖臂的前端连接车身或车架，后端连接车轮或车轴，拖臂可以随减振器和螺旋弹簧实现上下摆动。通常，半拖曳臂式悬架结构相对简单，制造成本低。

全拖曳臂式悬架的拖臂安装于车轴上方，连接臂由后向前延伸，通常从拖臂连接端到车轮端会有一个类似于V形的结构出现，这样的结构称为全拖曳臂式。这种悬架结构相较半拖曳臂式要复杂，性能好于半拖曳臂式。

在拖曳臂式悬架的构造中还有许多讲究，例如液压减振器和螺旋弹簧的组合方式就有一体式和分离式。减振器和弹簧一体式的优点是节省空间，增加舒适性，在这种结构中，螺旋弹簧通常阻尼系数比较小，讲究乘坐舒适感，自然这种结构的承载能力也非常有限。减振器和弹簧分离式通过增加弹簧阻尼弥补一体式承载能力不足的缺憾，不过这样一来乘坐舒适性受到了影响，并且减振器和弹簧分开安装又比较浪费空间，所以这种结构通常只在 MPV 或小型厢式车上采用。

除了液压减振器和螺旋弹簧的组合方式有讲究外，在拖曳臂式悬架的设计过程中，对连接左、右拖臂的横梁也非常有讲究，因为横梁安装位置的不同会导致车辆的行驶性能有非常大的变化。如果横梁安装位置过于靠近拖臂和车身的连接点，那么车辆的舒适性就会非常好，但操控性会随之下降，因为这种结构会导致车身侧倾；如果横梁安装位置过于靠近车轮中心轴位置，车辆的行驶舒适性和操控性都不会很好，但通过性和承载性较好，其性能接近于整体桥式结构。

拖曳臂式悬架本身具有非独立悬架的缺点，但同时兼有独立悬架的优点，拖曳臂式悬架的最大优点是左、右两轮的空间较大，而且车身的外倾角没有变化，避振器不发生弯曲应力，所以摩擦小。拖曳臂式悬架的舒适性和操控性均有限，当其制动时除了车头较重会往下沉外，拖曳臂式悬架的后轮也会往下沉平衡车身，无法提供精准的几何控制。

其主要优点：结构简单实用、占用空间小、制造成本低。

其主要缺点：承载性能差、抗侧倾能力较弱、减振性能差、舒适性有限。

其适用车型：中小型汽车、低端 SUV 后悬架。

不同厂家对这种悬架的称谓不同，如纵臂扭转梁式独立悬架、纵臂扭转梁式非独立悬架、H 型纵向摆臂悬架等。归根结底，它们都是同一种悬架结构——拖曳臂式悬架，只是调整稍有不同。

拖曳臂式悬架是专为后轮而设计的悬架结构，它的构成非常简单——以上下摆动式拖臂实现车轮与车身或车架的硬性连接，然后以液压减振器和螺旋弹簧充当软性连接，起到吸振和支撑车身的作用，圆柱形或方形横梁则连接左、右车轮。从拖曳臂式悬架的构造来看，由于左、右纵摆臂被横梁连接，因此悬架结构依旧保持着整体桥式的特性，这也就使纵向拖臂所连接的车轮在动态运动中外倾角不会发生变化，由此会使前轮出现转向不足，所以拖曳臂式后悬架无法为车身的精确操控提供良好的保障。不过，连接左、右纵臂的横梁在连接处为可转动式，在一定程度上可让左、右车轮在小范围的空间内自由跳动而不干扰到另一侧车轮。

3. 典型独立悬架

（1）横臂式独立悬架　横臂式独立悬架旋转轴与车辆纵轴平行，如图 5-12 所示。横臂承受横向力和侧向力，常用于轿车前悬架。

（2）纵臂式独立悬架　纵臂式独立悬架与车辆纵轴成 90° 角，如图 5-13 所示，纵臂只承受纵向力。纵臂式独立悬架常用于后悬架。

（3）麦弗逊式独立悬架　麦弗逊式独立悬架通常由支柱式减振器和横摆臂或 A 形拖臂两个基本部分组成，如图 5-14 所示。下拖臂通常是横臂或 A 形的设计，用于给车轮提供部分横向支撑力，以及承受全部的前、后方向应力。整个车体的重量和汽车在运动时车轮承受的所有冲击就靠这两个部件承担。所以麦弗逊式独立悬架一个设计特点就是结构简单，结构简单能带来的两个直接好处就是悬架质量小和占用空间小。

（4）双叉臂式独立悬架　宇通微循环车"小宇"前悬架采用双叉臂式螺旋弹簧悬架，下面介绍一下这款独立悬架的结构。

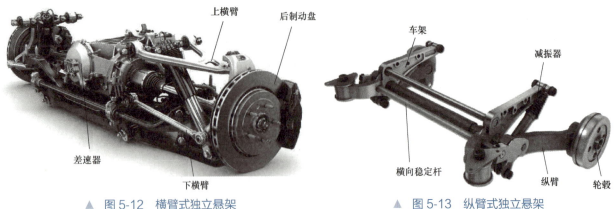

▲ 图 5-12 横臂式独立悬架　　　　　　　　▲ 图 5-13 纵臂式独立悬架

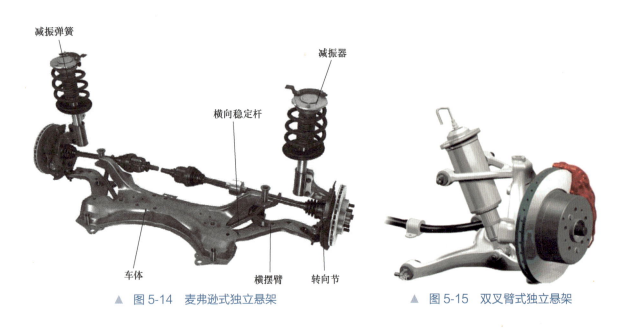

▲ 图 5-14 麦弗逊式独立悬架　　　　　　　▲ 图 5-15 双叉臂式独立悬架

双叉臂式独立悬架又称为双 A 臂式独立悬架,是双横臂的一种。双叉臂式独立悬架拥有上下两个叉臂,其结构如图 5-15 所示。

双叉臂式悬架由上、下两根不等长 V 形或 A 形控制臂以及支柱式液压减振器构成,通常,上控制臂短于下控制臂。上控制臂的一端连接着支柱减振器,另一端连接着车身;下控制臂的一端连接着车轮,另一端连接着车身。上、下控制臂由一根连接杆相连,这根连接杆同时与车轮相连接。在整个悬架结构中,通过对多个支点的连接提高了上、下控制臂以及整个悬架的整体性。

如果是前轮驱动的车型,那么装配在前轮上的双叉臂式悬架在上、下控制臂之间除装配有传动机构外,还有转向机构,这使其结构比不带转向机构的后轮要复杂得多。在转向机构中,转向主销由转向托盘与上、下控制臂的连接位置和角度确定,转向轮可绕主销转动,同时可随下控制臂上下跳动。在双叉臂式悬架中,通常采用球头连接来满足前车轮的运动需要:上、下控制臂与转向主销的连接部位既要支持前轮实现转向,又要控制车轮的上下抖动。不过由于上、下控制臂存在长度差,这对双叉臂悬架的设计提出了严峻的考验——如果上、下控制臂的长度差过小,车轮抖动时会造成左、右轮距偏大,加快轮胎外侧磨损;反之,如果上、下控制臂的长度差过大,则会造成车轮转向时外倾角过大,使轮胎内侧磨损加快。因此,可以通过增加上、下控制臂的长度来减小轮距的变化和控制外倾角的变化。

另外,双叉臂式悬架的上下控制臂能起到抵消横向作用力的作用,这使支柱减振器不再承受横向作用力,而只应对车轮的上下抖动,因此,在弯道上具有较好的方向稳定性。

其优点:横向刚度大、抗侧倾性能优异、抓地性能好、路感清晰。

首先,对于定位参数的精确控制,让车轮能够很好地紧贴地面,较强的横向刚性提供了很好的侧向支撑,对于车辆的操控性能来说,这种结构的优越性是显而易见的,它不仅是法拉利、兰博基尼和玛莎拉蒂这些超级跑车们的首选,甚至在现今的F1赛车使用的悬架结构中依旧能看到双叉臂的影子。两根三角形结构的摇臂还拥有出色的抗扭强度和横向刚性,因此在硬派SUV或者皮卡上经常会使用双叉臂的悬架结构,而前双叉臂后整体桥的结构也是硬派越野SUV的经典结构。例如大切诺基、丰田普拉多和大众途锐等,前悬都用了双叉臂式的悬架结构。

其缺点:制造成本高、悬架定位参数设定复杂。同时,维修维护时的复杂程度高,在定位悬架及四轮定位时,参数较难确定。

相对于麦弗逊式独立悬架,它的结构更复杂,占用空间较大,成本较高,因此并不适用于小型车前悬架;此外,定位参数的确定需要精确计算和调校,对于制造商的技术实力要求比较高。

其适用车型:双叉臂式独立悬架相比麦弗逊式独立悬架双叉臂多了一个上摇臂,不仅需要占用较大的空间,而且其定位参数较难确定,因此小型轿车的前桥出于空间和成本考虑一般不会采用此种悬架。但其具有侧倾小、可调参数多、轮胎接地面积大、抓地性能优异的特点,因此绝大部分纯正跑车的前悬架均选用双叉臂式悬架,可以说双叉臂式悬架是为运动而生的悬架。法拉利、玛莎拉蒂等超级跑车以及F1方程式赛车均采用了双叉臂式前悬架。一汽丰田皇冠和锐志也采用了双叉臂式前悬架。国内采用双叉臂式前悬架的轿车主要有一汽丰田皇冠和一汽丰田锐志,以及奥迪的豪华SUV Q7、大众途锐,纯国产的目前有比亚迪思锐、2007年生产的中华酷宝、奇瑞生产的瑞麒G5。

尽管双叉臂式独立悬架拥有众多优势——出色的侧向支撑、精确的车轮方向控制等,但由于使用上、下控制臂结构,过于稳定的特性却使车轮的响应速度较其他形式悬架要缓慢,上、下控制臂的结构也导致这种悬架的横向安装空间增大。因此,双叉臂式悬架常出现在车身宽大的豪华轿车、全尺寸SUV、皮卡甚至超级跑车上,例如凯迪拉克赛威SLS、雪铁龙C6、奥迪Q7、大众途锐,甚至国产中兴威虎皮卡无一例外都在前悬采用了双叉臂式悬架结构。而像兰博基尼盖拉多、玛莎拉蒂3000GT等注重操控性能的跑车在前后悬都采用双叉臂式悬架,这足以说明双叉臂式悬架的应用范围广泛,重要的是它能为车身提供很好的侧向支撑。

横向力由两个叉臂同时吸收,支柱只承载车身质量,因此横向刚度大。双叉臂式悬架的上、下两个A形叉臂可以精确地定位前轮的各种参数,前轮转弯时,上、下两个叉臂能同时吸收轮胎所受的横向力,加上两叉臂的横向刚度较大,所以转弯的侧倾较小。双叉臂式悬架通常采用上、下不等长叉臂(上短下长),让车轮在上下运动时能自动改变外倾角,并且减小轮距变化,减少轮胎磨损。双叉臂式独立悬架常用于轿车前悬架。

(5)多连杆式独立悬架 多连杆式独立悬架就是指由3根或3根以上连杆拉杆构成的悬架结构,以提供多个方向的控制力,使车轮具有更加可靠的行驶轨迹。多连杆式独立悬架的结构如图5-16所示,常见的有三连杆、四连杆、五连杆等,这种悬架结构通常应用于前悬和后悬。

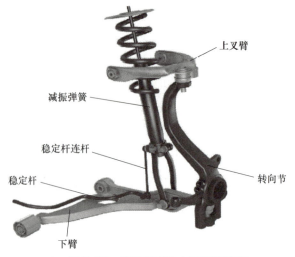

▲ 图 5-16　多连杆式独立悬架的结构

任务实施

一、任务准备

（1）场地设施　智能网联汽车线控技术实训室，举升机 1 台，装有消防设施的场地。
（2）设备设施　待安装悬架系统的实训车辆、前后悬架总成。
（3）工量具　常用工具 1 套、铜锤 / 橡胶锤、油压脉冲扳手、尖嘴钳 / 台虎钳、盒尺（0~2m）等。
（4）耗材　漆笔（红色）、毛刷、黑色双组分防腐漆 / 自喷漆等。

二、操作要求

1）穿干净整洁的工作服。
2）遵守场地安全规定，注意用电安全。
3）正确使用万用表和诊断仪等工量具。

三、实施步骤

1. 微循环独立悬架（螺旋弹簧）安装

（1）检查前悬架物料

1）目视检查螺旋弹簧、摆臂，应无磕碰划伤（露底漆），如图 5-17 所示。

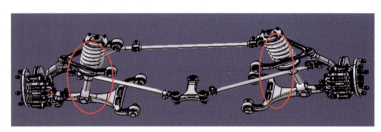

▲ 图 5-17　部件检查

2）操作吊具将悬架吊至工装车上。操作过程中避免磕碰。

（2）安装减振器支柱

1）将减振器支柱上端 4 颗螺栓穿入安装孔内，用手将螺母旋紧，防止减振器掉落。

2）减振器支柱下端 U 形槽卡入下摆臂，使用六角头螺栓穿入并手动将螺母旋紧。

3）使用油压脉冲扳手预紧减振器支柱上端螺母和下端螺母。

4）使用扭力扳手按照规定力矩紧固，如图 5-18 所示。

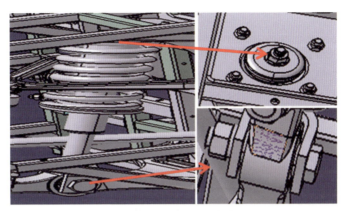

▲ 图 5-18　按规定力矩紧固

（3）预装上摆臂

1）调整工装车高度，将上摆臂对准安装位置，可以使用铜锤轻敲辅助进入安装位置。

2）手工穿入六角头螺栓（螺栓朝向与图样保持一致），预带螺母不脱落，状态如图 5-19 所示。

3）按照步骤 1）~2）完成另一侧悬架的安装。

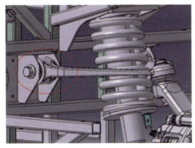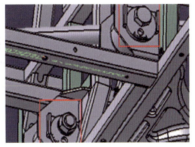

▲ 图 5-19　预装上摆臂

（4）预装下摆臂

1）调整工装车高度，将下摆臂对准安装位置，可以使用铜锤、橡胶锤轻巧辅助摆臂进入安装位置，保证偏心垫片落入 U 形槽内，如图 5-20a 所示。

2）手工穿入六角头螺栓，使用呆扳手调整偏心螺母朝向（螺母朝向与图样保持一致，偏心螺母中心刻线与 U 形槽刻线对齐），旋上螺母不脱落，如图 5-20b 所示。

3）按照步骤 1）~2）完成另一侧悬架安装。

（5）紧固上、下摆臂

1）调整偏心螺母中心刻线与 U 形槽刻线对齐，状态如图 5-21a 所示，使用扭力扳手对上 A 形臂螺栓按照规定力矩紧固，点红漆确认。

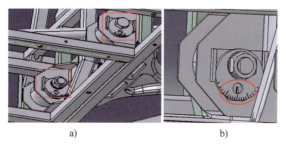

▲ 图 5-20　预装下摆臂

2）调整偏心螺母中心刻线与 U 形槽刻线对齐，状态如图 5-21a 所示，使用扭力扳手对下 A 形臂螺栓按照固定力矩紧固，听见"咔嗒"声后，停止紧固。检查并确认偏心垫片与 U 形件底部贴合并且 U 形件两侧折边无变形后点红漆确认，如图 5-21b 所示。

3）按照步骤 1）~2）完成另一侧悬架安装，步骤 1）~2）不作顺序要求。

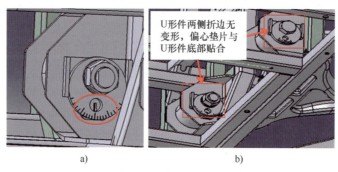

▲ 图 5-21　紧固上、下摆臂

（6）连接转向拉杆

1）旋下开槽螺母，按照图样要求连接直拉杆，旋上螺母并保证不脱落，如图 5-22a 所示。

2）用油压脉冲扳手多次紧固螺母，使开口销孔刚好露出，不得松退螺母，如图 5-22b 所示。

3）按照规定力矩要求，调整扭力扳手力矩，对螺栓进行紧固，如果开口销孔不对正，用油压脉冲扳手继续紧固至刚好对正（图 5-22b）。穿上开口销，用尖嘴钳 / 台虎钳扳开开口销长端，角度 ≥ 90°，并且扳开端紧贴在零件表面，点红漆（图 5-22c）。开口销不得重复使用。

（7）紧固拉杆卡箍

1）核查图样要求，旋转直拉杆和球头，两端球头螺纹旋出长度相差不超过 3mm（约 2 牙螺纹）（图 5-23a），可提前线下预装，提高效率。

2）目测调整紧固夹开口与直拉杆管开口对齐（图 5-23b）。如果需要调整，最大不得超过 45°。目测紧固夹环形端面距直拉杆环形端面（3~5mm，若拉杆带有凹槽，螺栓在凹槽内即可），间距无法判定时，使用盒尺辅助测量，用油压脉冲扳手和呆扳手预紧紧固夹螺栓。

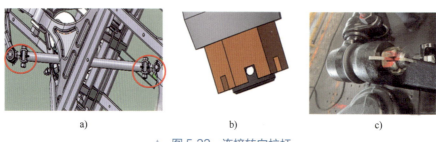

▲ 图 5-22　连接转向拉杆

3)调整扭力扳手力矩,按照力矩要求对连接处进行紧固并点红漆(图 5-23d)。

注:针对调整套结构的直拉杆,要求调整套螺纹和球头螺纹旋出长度相差不超过 3mm,且球头螺纹杆最底部端面不得从调整套豁口处露出,如图 5-23c 所示。

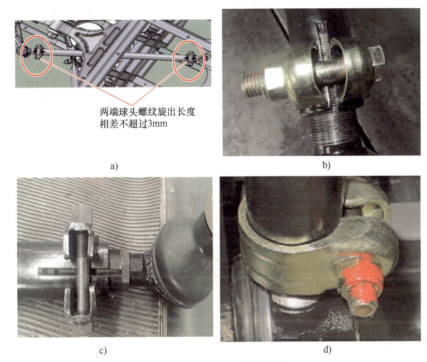

▲ 图 5-23 紧固拉杆卡箍

(8)补漆 检查悬架表面是否有磕碰划伤、露底,如有,需使用毛刷蘸取防腐漆/自喷漆进行防腐处理,补漆表面漆液应无流挂、无明显色差,如图 5-24 所示。

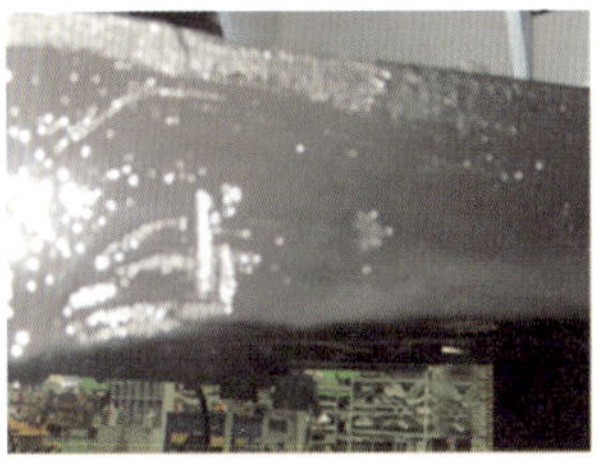

▲ 图 5-24 补漆

2. 微循环后拖臂独立悬架装配

(1)检查前悬架物料

1)目视检查螺旋弹簧、摆臂无磕碰划伤(露底漆),如图 5-25 所示。

2)操作吊具将悬架吊至工装车上。

(2)安装限位块

1)检查限位块和支架表面,应清洁、无残胶等附着物,无变形、无损坏、无裂纹,限位块螺栓和螺母不允许有飞边、裂纹、乱扣、刀伤、碰伤缺陷。

2)按照物料清单中图样的安装位置,将限位块螺栓穿入支架安装孔内,将螺母手动旋入,限位块应不脱落(图 5-26)。

3)使用棘轮扳手拧紧螺母并使用扭力扳手紧固,点红漆确认。

4)用同样方法安装另外一侧限位块。

(3)预装下拖臂总成

1)调整工装车高度,将下拖臂对准安装位置,可以使用铜锤辅助进入安装位置。

2)手工穿入六角头螺栓(螺栓朝向与图样保持一致),偏心螺母中心刻线与 U 形槽刻线对齐(图 5-27b),预带螺母应不脱落,状态如图 5-27a 所示。

3)按照步骤 1)~2)完成另一侧下拖臂安装。

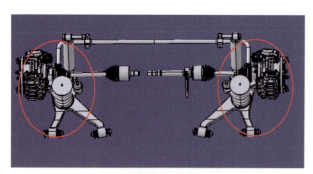

▲ 图 5-25 部件检查

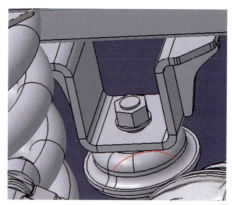

▲ 图 5-26 安装限位块

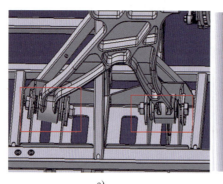
a)
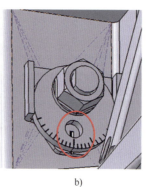
b)

▲ 图 5-27 预装下拖臂总成

(4) 安装后螺旋弹簧

1) 将弹簧垫定位销一端放入下拖臂上，将螺旋弹簧安装至弹簧垫内。

2) 将弹簧垫止口端放入弹簧垫内，然后将上端顶入后螺旋弹簧座，注意定位销与定位孔对正（图 5-28）。

3) 按照上述步骤重复装配另一侧螺旋弹簧。

(5) 安装减振器

1) 将减振器上端（防尘罩侧为上端）减振器孔与支座孔对齐同心，按照图样要求穿入螺栓并预紧螺母，保证螺栓螺母不脱落（必要时使用橡胶锤/铜锤辅助）。

2) 按照物料清单图样要求拉伸减振器至减振器下端连接位置，按照图样要求将螺栓穿过支架，外拉减振器，使减振器孔套上紧固螺栓，在减振器另一侧旋紧螺母，保证不脱落（图 5-29a）。

3) 使用油压脉冲扳手拧紧螺母，调整扭力扳手力矩值，按照质量要求力矩紧固，画红线确认（校核一个画一个）。

4) 检查减振器上、下防尘罩间隙：静态时上、下防尘罩间隙 ≥2mm（图 5-29b 目测可有效判定时，可不使用塞尺）。

5) 检查减振器周围空间间隙：减振器安装后与周边间隙 ≥10mm。

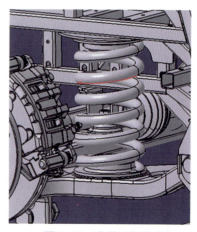

▲ 图 5-28 安装后螺旋弹簧

6）用同样方法安装、检查另一侧减振器。

（6）紧固下拖臂总成

1）使用扭力扳手将下拖臂螺栓按照规定力矩紧固，点红漆确认。

2）使用扭力扳手将下拖臂螺栓按照规定力矩紧固，听见"咔嗒"声后，停止紧固，检查并确认偏心垫片与U形件底部贴合且U形件两侧折边无变形后，点红漆确认，如图5-30所示。

3）按照步骤1）~2）完成另一侧下拖臂总成紧固。

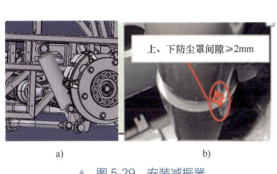
▲ 图5-29 安装减振器

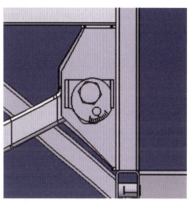
▲ 图5-30 紧固下拖臂总成

（7）安装稳定杆

1）通过SAP软件CSKB代码查询订单物料清单，按照物料清单选取稳定杆吊杆，检查稳定杆吊杆表面清洁无残胶等附着物、无变形、无磕碰划伤（无露底）。

2）查询物料清单图样，确定稳定杆吊杆安装位置，将稳定杆吊杆球头螺栓穿入车桥端支架孔内，并预紧螺母，保证螺栓螺母不脱落（必要时使用橡胶锤/铜锤辅助调整）。

3）用同样方法安装另一侧稳定杆吊杆。

4）将衬套卡入稳定杆，注意衬套分布在稳定杆限位点两侧（图5-31）。

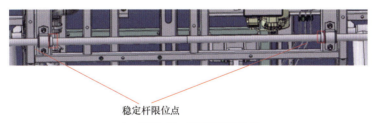
▲ 图5-31 稳定杆限位点

5）检查稳定杆轴承盖表面，应清洁、无残胶等附着物，无变形、无划伤露底。将稳定杆轴承盖卡入衬套上，按照图样要求朝向将螺栓穿入安装孔，预紧螺母，保证不脱落。

6）用同样方法安装稳定杆另一侧。

7）按照规定力矩紧固。

（8）补漆 绕悬架系统转一圈检查悬架表面是否有磕碰划伤、露底，如有，需使用毛刷蘸取防腐漆进行防腐处理，补漆表面漆液应无流挂、无明显色差。

知识拓展

一、悬架的检测和维护

车辆使用过程中会有正常的磨损消耗，车辆悬架各部件之间的角度会偏离正常值，影响车辆机动性和舒适性，所以需要定期对悬架进行检测和维护。

1. 行驶恶劣路况后及时清洗车辆

汽车悬架是汽车部件中离地面最近的部位，在行驶过程中难免会陷入泥沙、积雪中，造成汽车悬架系统等部件污染和腐蚀，加快零部件的损耗，缩短汽车的使用寿命。所以，在雨雪天气或者恶劣路面行驶后，要及时清洗车辆，尤其是对底盘、悬架、轮圈、轮胎挡泥板等位置进行彻底地清洗，防止锈蚀。

2. 日常行驶中有较大的异响时要及时检查

车辆底盘出现问题时，常常会伴随着较为异常且巨大的声响，行驶与操控也会出现不便，此时要立即自检汽车转向灵活性，制动时是否有效，是否出现刺耳的声音。如果出现上述问题，就会对汽车行驶的安全性造成威胁，要及时到维修厂检修。

3. 减振器的检查与维护

减振器安装在汽车的底盘中，其工作状态会直接影响汽车行驶过程中的平稳性，也会影响其他部件的使用寿命。汽车减振器的故障现象有以下几种：

1）漏油。

2）过坑时发出类似敲鼓的"咚咚"声。

3）行驶过程中出现不正常的振动，或是出现制动后的剧烈振动。

以上这些现象都表明减振器出现了故障，此时应立即进行检修或更换。需要注意的是，更换减振器，一定是1次更换1对。也就是说，前轮1个减振器坏了就要把前轮两个减振器都换掉，后轮的减振器坏了1个，也是更换1对减振器。

4. 定期做四轮定位

（1）什么情况下做四轮定位　日常行驶时感到车辆跑偏，转向盘沉重、发抖、不回正，或者轮胎出现不正常磨损（中部磨损、胎肩磨损、偏磨、羽状磨损、锯齿状磨损、波浪状磨损、斑状磨损）时，就必须做四轮定位了。四轮定位是检测汽车悬架最有效的方法。

（2）做四轮定位前要进行的检查

1）燃油箱加满燃油，车窗玻璃水装满，随车的备用轮胎和工具必须安装在相应位置上。

2）车轮做动平衡，确保车轮的平衡符合正常标准。

3）轮胎气压正常。

4）轮毂、轴承无松动。

5）悬架以及连接衬套无变形和松动。

6）转向系统、球头无松动。

7）减振器正常工作。

（3）四轮定位的顺序　做四轮定位时，首先确保底盘配件完好，调整时必须多角度综合考虑，按照后轮前束、后轮倾角、前轮后倾角、前轮外倾、前轮前束的顺序来调整。

（4）关于偏心螺钉　偏心螺钉以椭圆形轨迹旋转，车辆后悬架就会随着偏心螺钉的转动调节轮胎与地面的角度，这个角度称为外倾角。

在车辆使用中，车轮外倾角度难免会因为外力撞击而变化，造成轮胎偏磨。这时候偏心螺钉的作用就会凸显，四轮定位时根据标准值调整偏心螺钉的刻度就可以。偏心螺钉的发明和应用，给悬架维护与维修提供了很大的便利性，节约了维修时间和费用。如果没有偏心螺钉，只能通过整体拆装来调整外倾角。

二、悬架舒适性的评判

1. 对于坑洼路面冲击力的吸收

吸收冲击力能力差的汽车，会让驾驶人感觉每经过一个井盖、坑洼，座椅都被踹了一脚，或猛烈拉扯一把。而吸收冲击力能力好的汽车，会让驾驶人身体所感受到的振动比眼睛看到的更加轻微，同时，会把眼前强烈的拉扯化解为轻微的左右摇晃。冲击力吸收得不好就会让人觉得"硬"。

2. 对于路面颗粒感与接缝的过滤

过滤针对的是细碎路面的小输入，例如粗糙的柏油路或路面板块的接缝，过滤好的汽车在经过细碎路面时，驾乘人员会觉得像坐着滑滑梯，而过滤差的汽车经过时会让人颗粒感十足。过滤得不好就会让人觉得"粗糙"。

3. 对于起伏路面下车身运动的控制

起伏控制大致分为两个方面，幅度的大小与前后的平衡。若起伏太大，在经过路面起伏后，坐在车里会过度地上下运动，极端情况下还会导致车辆失控。起伏的前后不平衡要比起伏过大更令人不适，整个车起伏的同时再伴随前俯后仰，很容易令车内乘员感到不适或者晕车。起伏控制处理得不好就会让人觉得"晃"。

4. 悬架对于余振的控制能力

余振多的汽车在经过破碎路面或坑洼时，会令人觉得"散"，这是由于车轮的运动能量无法被充分吸收而快速跳动导致的。余振控制不佳的悬架会因为抖动的廉价感令行驶品质大打折扣。余振处理得不好就会让人觉得"散"。

任务评价

基本信息	姓名		学号		班级		组别	
	角色							
	规定时间		完成时间		考核日期		总评成绩	
考核内容	序号	步骤		完成情况		标准分	评分	
				完成	未完成			
	1	微循环车独立悬架（螺旋弹簧）安装						
	2	微循环车后拖曳臂式独立悬架装配						
7S 管理（整理、整顿、清扫、清洁、素养、安全、节约）								
团队协作								
沟通表达								

（续）

工单填写	
教师评语	

任务二　汽车线控悬架系统检修

任务目标

▶ 知识目标
1. 掌握线控悬架系统的定义。
2. 掌握线控悬架系统的结构。
3. 掌握线控悬架系统的工作原理。
4. 了解典型线控悬架系统的工作过程。

▶ 能力目标
1. 具有检测线控悬架系统传感器的能力。
2. 具有检测线控悬架系统执行器的能力。
3. 具有检修线控悬架系统故障的能力。

▶ 素养目标
1. 使学生树立爱岗敬业、脚踏实地、精益求精的工匠精神。
2. 养成拆卸安装过程中良好的劳动习惯。
3. 养成应用技术资料完成结构认知自学的职业素养。
4. 能够通过实践项目养成团队协作意识。

任务描述

小宇作为中级技术人员，能够对线控悬架系统相关部件进行检修。

知识链接

传统的汽车悬架是不可调整的，在行车中车身高度的变化取决于弹簧的变形。因此，在汽车的行驶过程中出现的制动、转弯、车载重量的变化等情况，会影响人们的乘坐舒适性、操纵稳定性和货物的完好率。线控悬架引入电控单元和传感器等，能根据路面情况自动调节减振器刚度和阻尼，进而可获得更好的行驶舒适性。

一、线控悬架概述

传统悬架系统结构（图5-32）一经确定，悬架的性能参数随即固定，它的悬架弹簧和阻尼器特性受到外部激励时，只能被动地做出反应，行驶的平顺性和操纵稳定性不能随行驶条件和运行状况的变化而变化。而线控悬架（图5-33）可依据车辆的实时运动情况和外界干扰输入，自主调节悬架系统的性能参数，进而调整车身的运动姿态。例如，汽车在直线行驶且车速稳定时，具有良好的平顺性，在转向或制动时，具有良好的操纵稳定性。线控悬架系统即通常所说的主动悬架和半主动悬架。其通过电控单元不断调整减振器阻尼和弹簧刚度，突破传统悬架系统在实际应用中的限制，提高不同行驶工况下的汽车平顺性和操纵稳定性。

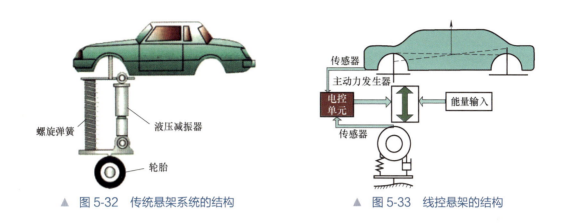

▲ 图 5-32　传统悬架系统的结构　　　　　　　▲ 图 5-33　线控悬架的结构

1. 线控悬架系统发展现状

车辆驾乘过程中，操控性和舒适性是两个重要的评价指标，两者很难兼顾；线控悬架可以根据路况实际情况自动调节悬架的高度、刚度和阻尼，实现行车姿态精细化控制，平衡汽车操控性和舒适性两个指标。

线控悬架虽能自动调节线控弹簧的刚度、车身高度以及减振器阻尼，但由于质量、成本和可靠性的原因，目前属于非刚需配置，主要在 C 级和 D 级车中配备。因此，对于整车厂而言，线控减振器的装配优先级最高，其次是线控弹簧，最后是线控防倾杆。从发展潜力上讲，线控空气弹簧、CDC/MRC 型线控减振器的未来发展前景相对较好。

线控悬架并非新潮事物，除了购置成本较高外，硬件层面并未有特别的技术难点。由于线控悬架系统需要连续调控 4 个独立悬架系统的刚度和阻尼，属于闭环自适应控制系统，因此软件层面的复杂控制算法调校是其主要应用难点。线控悬架通常采用 PID 控制机理实现自反馈，以车身垂直加速度为控制器的输入量，调节车身加速度使其达到理想要求，具体参数通常需要经过仿真测试以及实车调校后才能最终确定下来。

2. 线控悬架系统分类

1）线控悬架按照执行机构分类，如图 5-34 所示。

3 种执行机构不同类型性能对比见表 5-1~ 表 5-3。

表 5-1　线控弹簧性能对比

性　　能	油 气 弹 簧	空 气 弹 簧
成本	金属密封性要求高，成本也相对较高	成本适中
能耗和质量	金属液压室，质量大，能耗均高	橡胶气囊，质量较小
可靠性	可靠性较差，漏气和漏液风险均较高	可靠性一般
必要性	非必须配备，中高端车型配备	

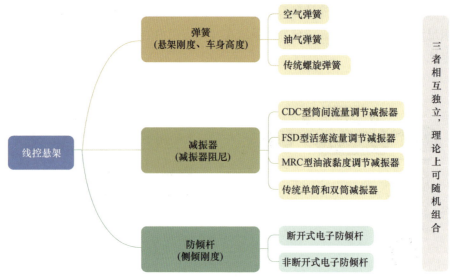

▲ 图 5-34 线控悬架按照执行机构分类

表 5-2 线控防倾杆性能对比

性　能	断　开　式	非　断　开　式
成本	增加扭转电动机，成本有所上升	成本大幅上升
能耗和质量	瞬时转矩要求高，耗电量较大	防倾杆加线控减振，结构复杂，能耗高
可靠性	可靠性良好	可靠性一般
必要性	必要性较小，全主动悬架可实现四轮独立控制，部分越野汽车和高操控性的跑车有一定需求	

表 5-3 线控减振器性能对比

性　能	CDC	FSD	MRC
成本	成本适中	成本适中	价格太高
能耗和质量	耗电机构仅为电磁阀	能耗和质量少量增加	能耗和质量少量增加
可靠性	筒壁外置电磁阀限流，可靠性较高	活塞内置电磁阀限流，可靠性一般	筒内油液黏度调节，操作难度大
必要性	调节悬架阻尼，大幅度改善驾乘舒适度		

2）线控悬架按外力介入程度分类。

半主动控制方式的使用成本低，近于全主动控制，其性能接近全主动悬架系统，且具有可靠的故障状态适应能力，为当前市场主流。随着自动驾驶等级的提升，各类传感器的接入，全主动悬架的普及度会日渐提高。

① 从动。利用本身动力学特性承受车身重量和隔离车身与不规则路面间的相互作用，作为未施加控制的电控悬架使用时属于从动悬架。

② 半主动。主要构成为线控弹簧和阻尼减振器，线控弹簧作为主要支撑结构承担车身载荷，阻尼减振器消耗来自路面的冲击能量。调节过程为反馈调节，不具备前馈调节能力。

③ 全主动。全主动悬架配备有独立的执行器，可以施加额外的作用力，通过各类传感器将系统工作中各类状态信息提供给控制系统，根据车辆行驶实时工况对悬架的阻尼、刚度、高度和车身姿态等状态参数进行前馈调节和控制。

按外力介入程度分类的线控悬架性能对比,见表 5-4。

表 5-4　3 种线控悬架性能表

控 制 形 式	控 制 力 产 生	可 靠 性	消 耗 能 量	自 适 应 性	控 制 效 果
从动	无主动控制力	优	不消耗	无	差
半主动	减振器可调阻尼力	优	少	较优	较优
全主动	独立执行器产生	差	多	优	优

3. 线控悬架的优缺点

（1）线控悬架的优点　线控空气悬架可以在不同的工况下,具有不同的弹簧刚度和减振器阻尼力,既能满足平顺性的要求,又能满足操纵稳定性的要求。其优点具体如下:

1）刚度可调,可改善汽车转弯时出现的侧倾以及制动和加速等引起的车身点头和后坐等问题。
2）汽车载荷变化时,能自动维持车身高度不变。
3）碰到障碍物时,能瞬时提高底盘和车轮、越过障碍,使汽车的通过性得到提高。
4）可抑制制动时的点头,充分利用车轮与地面的附着条件,加速制动过程,缩短制动距离。
5）使车轮与地面保持良好的接触,提高车轮与地面的附着力,增加汽车抵抗侧滑的能力。

（2）线控悬架的缺点　尽管线控空气悬架有诸多优点,但其结构决定了其具有不可避免的缺点:

1）结构复杂、故障的概率和频率远远高于传统悬架系统。由于线控悬架要求每一个车轮悬架都有控制单元,得到路面谱数据后的优化处理算法难度非常大,调节不好就会适得其反。
2）就线控空气悬架而言:

① 用空气作为调整底盘高度的"推进动力",减振器的密封性要求非常高,若空气减振器出现漏气,则整个系统将处于"瘫痪"状态。
② 如果频繁地调整底盘高度,有可能造成气泵系统局部过热,会大大缩短气泵的使用寿命。

3）就宝马"魔术"悬架系统而言,除了存在空气悬架自身缺点外,系统还存在着其他的限制,如摄像头只能识别路面的凹陷和凸起,浸满雨水的坑会被无视,而斑马线很有可能被当成起伏。此外,颠簸振动、雨雪大雾天气、迎面射来的灯光都会直接让系统失效。

二、线控悬架系统的基本结构和工作原理

1. 线控悬架的基本结构

线控悬架系统主要由模式选择开关、传感器、电控单元和执行器组成,如图 5-35 所示。

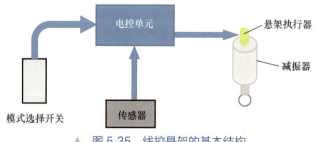

▲ 图 5-35　线控悬架的基本结构

其中,模式选择开关的功能是驾驶人根据汽车的行驶状况和路面情况选择悬架的运行模式,从而决定减振器的阻尼力大小。如某汽车的电控空气悬架系统设置了 3 种模式选择开关——工作模式选择开

关、车身高度选择开关和空气悬架启用开关，由操作者手动选择。

传感器主要包括车身加速度传感器、车身位移传感器、转速传感器、转向盘转角传感器、制动压力开关、制动灯开关、节气门位置传感器以及门控制开关等。其中，车身加速度传感器检测车身振动，间接地反映行驶的路面状况和车身横向运动状况；车身位移传感器检测车身与车桥的相对位移，反映车身的平顺性和车身高度；轮速传感器检测车轮速度，反映车速，计算车身的侧倾量；转向盘转角传感器检测转向盘转角，计算车身侧倾量；制动压力开关检测制动管路压力，判断汽车制动情况；制动灯开关检测制动灯电路通断，判断汽车制动状况；节气门位置传感器检测节气门开度，反映汽车加速状况；门控制开关检测门控灯电路的通断，判断成员状况。

执行器根据电控单元的控制信号，准确、快速和及时地做出动作反应，实现对弹簧刚度、减振器阻尼或者车身高度的调节。

2. 线控弹簧

线控弹簧主要调节车身高度和悬架刚度，应对越野路段和激烈驾驶场景；线控减振器主要调节悬架阻尼，对优化噪声、振动、平顺性性能有很大帮助。对于消费者和主机厂而言，线控减振器的优先级高于线控弹簧。

空气悬架主要包括空气供给装置、电磁阀体、空气管路、蓄能器、减振器调节阀、水平传感器及空气弹簧等，如图 5-36 所示。空气弹簧的基本结构如图 5-37 所示。

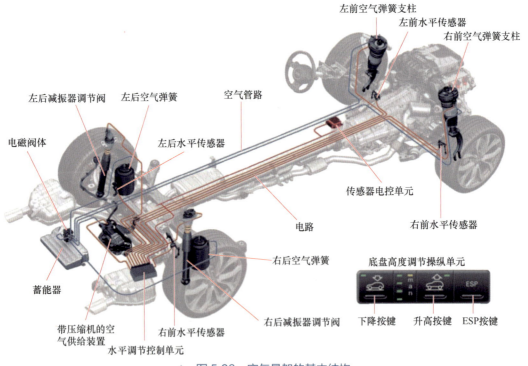

▲ 图 5-36 空气悬架的基本结构

4 个车轮均有水平传感器，传感器电控单元判断车身高度变化，控制进、排气阀，调节弹簧的高度和刚度。

3. 线控减振器

线控减振器的类型很多，目前应用较广的是 CDC 型减振器和 MRC 型减振器。由于电磁阀开度变化速度低于电磁液黏度变化速度，所以 MRC 型线控悬架的调节速度相对较快，其阻尼力相对较大。目前，CDC 型悬架处于市场主流地位，影响 MRC 型悬架提高市场占有率的主要制约因素是成本。

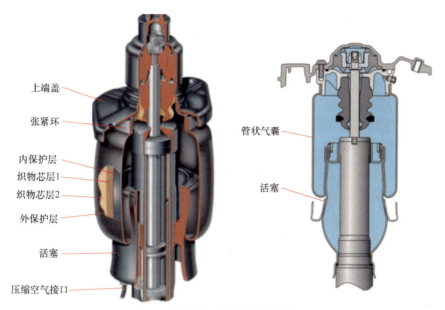

▲ 图 5-37 空气弹簧的结构

（1）CDC 型减振器　其调节对象：减振器内油液流速。

其主要组成：中央控制单元、CDC 控制阀、车身（轮）加速度传感器、CDC 减振器等，如图 5-38 所示。

CDC 型减振器的结构如图 5-39 所示。CDC 型减振器分为内、外两个腔室，里面充满液压油。内、外腔室的油液可以通过之间的小孔流动。当车轮颠簸时，减振器内的活塞会在套筒内上下移动，腔内的油液便在活塞的作用力下在内、外腔室间流动，同时油液会对活塞产生阻力，只要改变油液流动过程阻力的大小，就可以改变活塞的阻力大小，也就是减振器阻尼的大小。

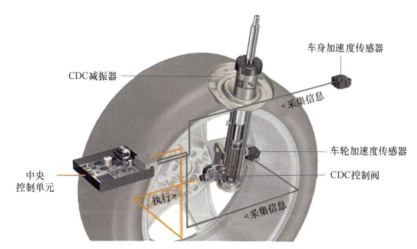

▲ 图 5-38 CDC 型减振器的组成

因此只要改变两个腔室的小孔大小，就可以改变油液的阻力，因为在流量一定时，小孔的大小与液压油的阻力是存在比例关系的。所以，通过 CDC 控制阀来改变孔的大小就能改变油液在内、外腔室内往复的阻力，从而改变减振器的阻尼。CDC 控制阀的结构如 5-40 所示。

什么时候该改变减振器的阻尼力大小是由 CDC 系统的电控单元来控制的。系统会通过车辆上的传感器（车身加速度传感器、横向加速度等传感器）实时监测车辆当前的行驶状态（每秒钟至少可监测 100 次），搜集到的数据传输到控制单元并经其运算对比后，电控单元给 CDC 控制阀发送相应的指令，从而控制阀门的开度大小来提供适应当前路况的阻尼力。

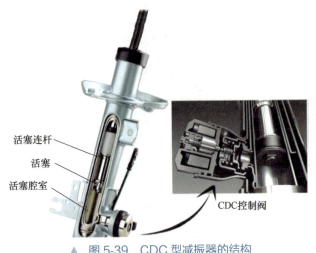

▲ 图 5-39 CDC 型减振器的结构

▲ 图 5-40 CDC 控制阀的结构

（2）MRC 型减振器　其调节对象：减振器内油液黏度。

其主要构成：电控单元、电磁线圈活塞、电磁液、传感器、减振器等，如图 5-41 所示。

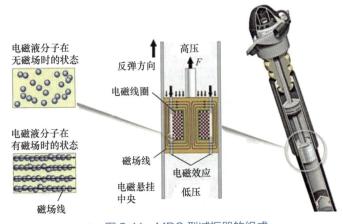

▲ 图 5-41 MRC 型减振器的组成

MRC 英文全称为 Magnetic Ride Control，其最大的特点是响应迅速，可变阻尼，且调控精准。国内很多凯迪拉克高配车型配有该系统，如 CT5 和 CT6 的高配车型。首先看看 MRC 和 CDC 的相同点和不同点，进而阐述 MRC 的工作原理。

相同点：MRC 和 CDC 的目的是一样的，都是通过控制减振器的阻尼来改变悬架的软硬，适应不同的路况变化。

不同点：

1）两者的响应频率和调节方式不同，CDC 对路面监测以及减振器的阻尼调节可以达到 100 次/s，而 MRC 可以达到 1000 次/s，因此，MRC 的响应速度更快。

2）CDC 和 MRC 对减振器的阻尼调节方式是完全不同的。CDC 是通过改变减振器内、外腔之间的小孔大小，来改变液压油的阻力，进而改变减振器内活塞的阻力达到悬架软硬调节的目的。MRC 的核心是减振器内的液体材料（一种被称为"磁流变液"的可控流体），这种材料在磁场作用下的流变是瞬间的、可逆的，在零磁场时会呈现出液态，而在强磁场时会呈现出固态，因此只要改变磁场就可以改变磁流变液的状态，继而改变减振器内活塞的阻力。

MRC 悬架系统的工作原理：每个车轮和车身连接处都有一个车轮位移传感器，传感器与车载控制单元相连，控制单元与 MRC 型减振器相连。当车辆行驶在崎岖不平的路面上时，车轮位移传感器会以最高每秒 1000 次的频率探测路面，并实时将信号传送至车载控制系统。该控制系统基于 Skyhook 算法，会实时发出指令至各减振器内的电磁线圈，通过改变电流改变磁场，电流越大，磁场越强，阻尼越大。

4. 线控悬架系统的技术原理

线控悬架系统的工作原理如图 5-42 所示。当汽车在道路上行驶时，传感器将道路状况和汽车的速度、加速度、转向和制动等工况的电信号传递给电控单元，电控单元对传感器发送的电信号进行综合处理，输出控制信号到执行器，进而调整减振器阻尼系数、控制弹性元件刚度和车身高度。

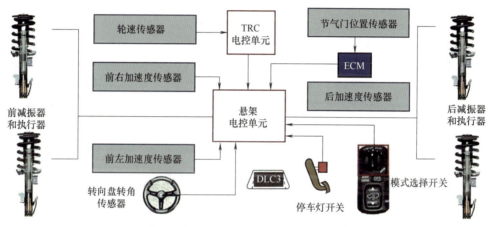

▲ 图 5-42 线控悬架系统的工作原理

对于车身高度的控制，可根据车内乘员人数或汽车装载情况自动调节车身高度，以保持车身具有稳定的行驶姿态。典型的车身高度控制有以下几种：

（1）停车水平控制　停车后，当车上载荷减小而车身上抬时，控制系统能自动地降低车身高度，以减少悬架系统的负荷，改善汽车外观形象。

（2）特殊行驶工况高度控制　当汽车高速行驶时，主动降低车身高度，以改善行车的操作稳定性；汽车行驶于不平度较大的路面时，主动升高车身高度，避免车身与地面磕碰。

（3）自动水平控制　车身高度不受载荷影响，保持基本恒定，姿态水平，使乘坐更加平稳，前照灯光束方向保持不变，提高行车安全性。

1）空气弹簧。配备空气弹簧的车型可以在颠簸路况中通过改变车身高度，达到提升车辆通过性、减小离地间隙进而减小风阻的作用。由于空气弹簧的作用介质为空气，气压变化存在一定滞后性，因此空气弹簧的高度调节不具备瞬时性。

线控弹簧运行原理如图 5-43 所示。

悬架不在期望位置时，电控装置发出信号，车身高度调节阀开始工作，控制空气悬架回路的充/放气过程。线控弹簧控制原理如图 5-44 所示。

电控单元接收车辆高度、行驶速度和路况信号进行工况判断，自主改变车身高度模式。

2）线控减振器。线控减振器通过对路面激励信号和悬架振动信号的处理获得最佳的减振器阻尼参数，通过阻尼调节抵消部分车轮的弹力，使传递到车身的振动幅值和频率减弱，进而提高乘坐舒适性和行驶稳定性。

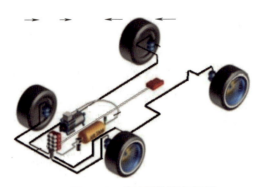

▲ 图 5-43 线控弹簧运行原理

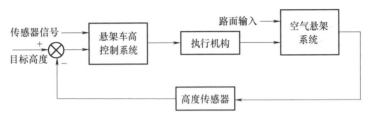

▲ 图 5-44 线控弹簧控制原理

线控减振器运行原理（以 CDC 为例）如图 5-45 所示。通过电磁阀改变两个腔室间连通部分的截面面积，流量一定时，截面面积的大小与流体的阻力成反比，从而改变阻尼系数。

线控减振器控制原理如图 5-46 所示。

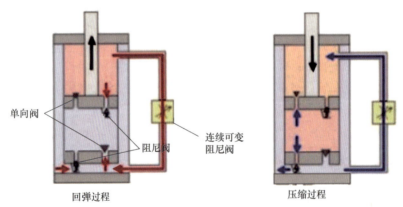

▲ 图 5-45 线控减振器运行原理

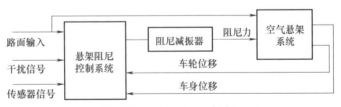

▲ 图 5-46 线控减振器控制原理

电控单元根据车身加速度传感器、车轮加速度传感器、横向加速度传感器的数据判断车身姿态，进而对 CDC 的控制阀发出开度指令。

3）整体架构。线控悬架系统通常并行两套信息收集和控制系统，解决不同系统在不同路况情况下的控制耦合是其控制难点；当前主流的控制方案是线控弹簧一般在稳态下调节，线控减振器一般实时调节。主动悬架整体运行原理如图 5-47 所示。

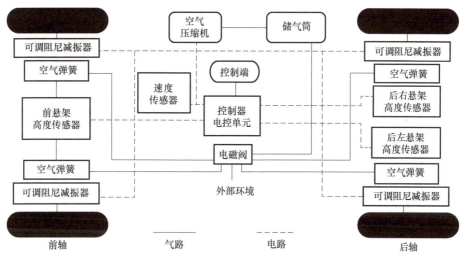

▲ 图 5-47　主动悬架整体运行原理

线控弹簧和线控减振器通常共用一套传感器，控制系统分开。

主动悬架整体控制原理如图 5-48 所示。

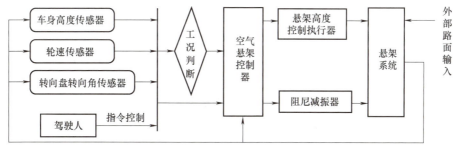

▲ 图 5-48　主动悬架整体控制原理

线控悬架中线控弹簧和线控减振器通常协调运作。

车身高度一般在稳态下调整，悬架阻尼不受限制。

三、典型线控悬架工作原理

本节以奥迪 A8 轿车为例来介绍线控悬架的工作原理。奥迪 A8 轿车利用电子减振调控装置，可以实时跟踪汽车当前的行驶状态，测得车轮的运动状态（非簧载质量）和车身的运动状态（簧载质量）。在 4 个可选模式范围内，实现了不同的减振特性曲线。每个减振器都可单独进行调控。因此，在设定好的每种模式（舒适型或运动型）下均能够保证汽车具有最佳的舒适性和行车安全性。在设定模式的框架下，车身高度自动调控程序和减振特性曲线被整合成一个系统。奥迪 A8 自适应空气悬架的组成如图 5-49 所示。奥迪 A8 空气悬架原理如图 5-50 所示。

1. 空气弹簧

为了防止空气弹簧伸缩囊与圆筒之间发生泄漏，通常会使用密封线圈来确保活塞和气缸之间的密封。活塞与气缸之间的密封可以采用多种方式，可使用 O 形密封圈、唇形圈、Z 形密封等。

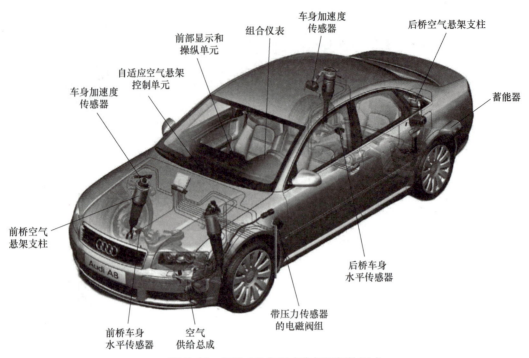

▲ 图 5-49　奥迪 A8 自适应空气悬架的组成

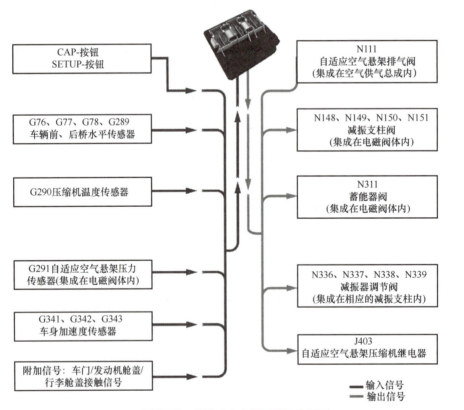

▲ 图 5-50　奥迪 A8 空气悬架工作原理

2. 减振器

减振器使用了一个无级电子双管气压减振器。活塞上的主减振阀门通过弹簧机械预紧。在阀门上方安装有电磁线圈，连接导线经由活塞杆的空腔与外部连接。减振力主要取决于阀门的通流阻力。油流过的通流阻力越大，减振力就越大。当电磁线圈上没有电流作用时，减振力达到最大。减振力最小时，电磁线圈上的电流约为 1800mA。在紧急运行时，不对电磁线圈通电。这样就设定了最大减振力，并通过其来保证车辆行驶时动态稳定。奥迪 A8 减振器的结构如图 5-51 所示。奥迪 A8 减振器的工作原理如图 5-52 所示。

▲ 图 5-51 奥迪 A8 减振器的结构

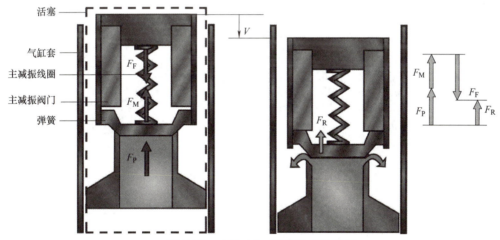

▲ 图 5-52 奥迪 A8 减振器的工作原理

3. 空气供应机组

空气供应机组安装在发动机舱的左前方，因此可以避免工作噪声传入汽车内部，除此之外，还能实现有效的冷却。这样能提高压缩机的可能开启持续时间并且由此提高调控质量。为保护压缩机不至于过热，在需要时（如气缸盖温度过高时）会将其关闭。最大系统静态压力为 1.6MPa。奥迪 A8 空气供应机组如图 5-53 所示。

4. 电磁阀组

奥迪 A8 电磁阀组（图 5-54）包括压力传感器以及用于控制空气弹簧和储气罐的阀门，它安装在汽车左侧车轮外壳和 A 柱之间的车轮罩内。

5. 储气罐

奥迪 A8 储气罐（图 5-55）位于汽车左侧行李舱底板和底部消声器之间。储气罐由铝材制成，其容积为 5L、8L，最大工作压力为 1.6MPa。

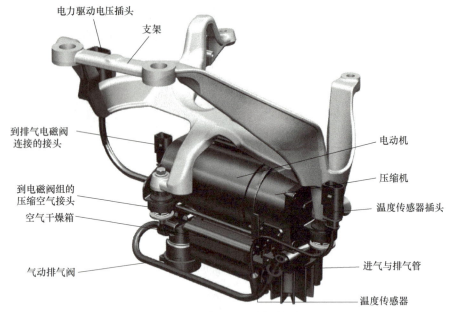

▲ 图5-53 奥迪A8空气供应机组

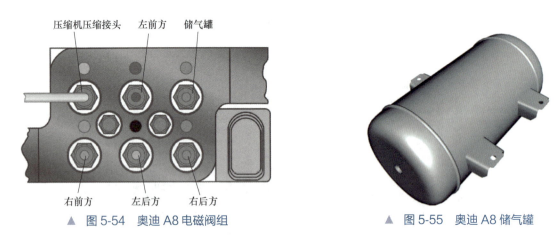

▲ 图5-54 奥迪A8电磁阀组　　　　　　　▲ 图5-55 奥迪A8储气罐

6. 传感器

1）压缩机温度传感器（G290）用于探测压缩机气缸盖的温度。它的电阻值随温度的升高急剧减小（NTC：负温度系数）。此电阻的变化由控制单元进行处理。空气压缩机最大运行时间取决于当前温度。维修时不得单独更换零件。

2）压力传感器（G291）用于测量前桥和后桥弹簧支柱或储气罐间的压力变化情况。

3）车身加速度传感器（G341、G342、G343）。为对每种行驶状态实行最理想的减振调控，必须知道车身运动（簧载质量）和车轴运动（非簧载质量）的时间曲线。常使用3个传感器测量车身的加速度。其中，有两个位于前桥的弹簧支柱拱顶上，第3个位于右后轮罩内。通过处理车身高度传感器信号来获取车轴部件（非簧载质量）的加速度。图5-56所示为车身加速度传感器。

4）车身高度传感器（G76、G77、G78、G289）如图5-57所示。4个传感器在结构上相同，支架和连接杆位于车轴的侧面和特定的位置上，传感器测得悬臂和车身之间的距离并由此测得车辆的高度状态。以800Hz频率进行感应探测（全时四轮驱动车为200Hz）。采样频率可以确定非簧载质量的加速度。

7. 奥迪A8高度调节方案

（1）自动模式　目标车身高度，以舒适性为目标，沿着相应的减振曲线自适应调控。以超过120km/h的车速行驶30s后下降25mm（高速公路车身降位）。当车速低于70km/h的时间超过120s，或车速低于 35km/h 时，自动提升至标准车身高度。

▲ 图 5-56　车身加速度传感器

▲ 图 5-57　车身高度传感器

（2）舒适模式　车身高度与"自动"模式一样，在低速范围内减振功能比"自动"模式弱，比"自动"模式更舒适为依据进行调控。

（3）提升模式　提升模式只在车速低于 80km/h 时才能选用。从 100km/h 开始，此模式自动退出，然后调控为先前所选模式（"自动""动态"或"舒适"）。

（4）动力性模式　与标准型底盘的区别：弹性和减振以运动型为依据进行调控；在车速低于 120km/h 时，"自动""动态"和"舒适"模式下的高度位置相同，但减振特性曲线不同；车身标准高度比标准型底盘低 20mm。

奥迪 A8 高度调节模式工作原理如图 5-58 所示。

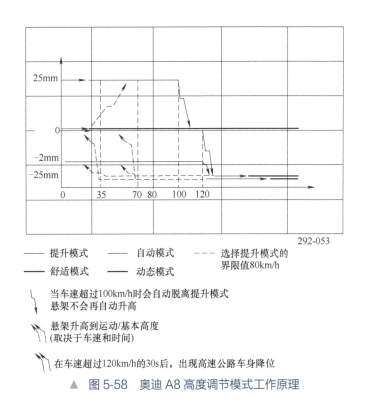

▲ 图 5-58　奥迪 A8 高度调节模式工作原理

8. 空气悬架电路

奥迪 A8 空气悬架电路如图 5-59 所示。

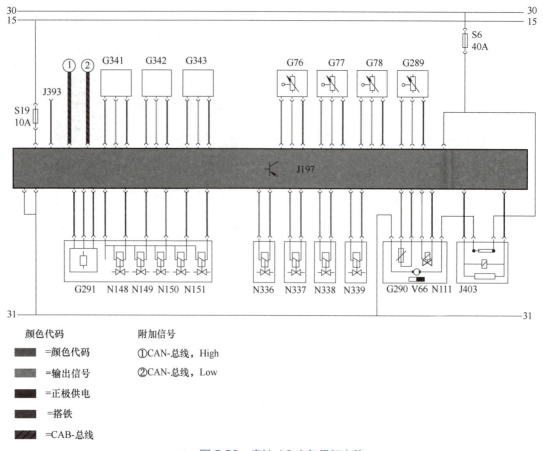

▲ 图 5-59 奥迪 A8 空气悬架电路

🕒 任务实施

任务说明：本任务以线控悬架实训车辆为载体，进行线控悬架的相关部件认知，了解线控悬架的组成及各部分作用。

一、任务准备

（1）场地设施　举升机 1 台，装有废气抽排系统和消防设施的场地。
（2）设备设施　奥迪 A8 轿车或空气悬架台架。
（3）工量具　常用工具 1 套、通用诊断仪、万用表等。
（4）耗材　熔断丝、线束、空气流量传感器等。

二、操作要求

1）穿干净整洁的工作服。
2）遵守场地安全规定，注意用电安全。
3）正确使用万用表、诊断仪等工量具。

三、实施步骤

电控空气悬架系统利用传感器（包括开关）对汽车行驶时路面的状况和车身的状态进行检测，将检测信号输入电控单元进行处理。电控单元通过驱动电路控制空气悬架系统的执行器动作，完成悬架特性参数的调整，即在车辆行驶过程中，根据实际需要，使悬架系统的基本控制参数（如刚度、阻尼）可随时调节，从而达到最佳的平顺性与稳定的行车状态。

1. 传感器的检测

（1）压力传感器 G291 的检测　压力传感器 G291 电路中，3 根导线均与电控单元 J197 相连，分别为电源线（红色）、信号线（绿色）和搭铁线（棕色）。其检测时的操作步骤如下：

1）打开起动开关，用万用表 20V 电压档测量电源线与搭铁线之间的电压。电压值应在标准值范围内，否则电控单元 J197 发生故障或传感器与电控单元 J197 之间导线发生故障。

2）运转发动机，用万用表 20V 电压档测量信号线与搭铁线之间的电压。电压值应在标准值范围内，否则为传感器损坏。

（2）压缩机温度传感器 G290 的检测　在压缩机温度传感器 G290 电路中，两根导线均与电控单元 J197 相连，分别为电信号线（绿色）和搭铁线（棕色）。其检测时的操作步骤如下：

1）断开传感器插接器，测量传感器电阻值。电阻值应在标准值范围内，否则传感器损坏。

2）打开起动开关，测量信号线与搭铁线之间的电压。电压值应在标准值范围内，否则电控单元 J197 发生故障或传感器与电控单元 J197 之间导线发生故障。

（3）车身高度传感器 G77 的检测　在车身高度传感器 G77 电路中，分别为电源线（红色）、信号线（绿色）和搭铁线（棕色）。检测时，打开起动开关，其操作步骤如下：

1）用万用表 20V 电压档测量电源线与搭铁线之间的电压。电压值应在标准值范围内，否则电控单元 J197 发生故障或传感器与电控单元 J197 之间导线发生故障。

2）弹跳车身，用万用表 20V 电压档测量信号线与搭铁线之间的电压。电压应产生变化，否则为传感器损坏。

（4）车身加速度传感器 G343 的检测　在车身加速度传感器 G343 电路中，3 根导线均与电控单元 J197 相连，分别为电源线（红色）、信号线（绿色）和搭铁线（棕色）。检测时，打开起动开关，其操作步骤如下：

1）用万用表 20V 电压档测量电源线与搭铁线之间的电压。电压值应在标准值范围内，否则电控单元 J197 发生故障或传感器与电控单元 J197 之间导线发生故障。

2）在快速移动传感器的过程中，用万用表 20V 电压档测量信号线与搭铁线之间的电压，应产生变化，否则为传感器损坏。

（5）压缩机继电器 J403 的检测　在压缩机继电器 J403 电路中，4 根导线中第 1 根和第 4 根与电控单元 J197 相连，分别为搭铁线和电控单元供电线；第 2 根和第 3 根分别为压缩机供电线和蓄电池电源线。其检测操作步骤如下：

1）断开继电器插接器，打开起动开关，用万用表 20V 直流电压档测量第 1 根与第 4 根导线之间的电压。电压值应在标准值范围内，否则电控单元 J197 发生故障或传感器与电控单元 J197 之间导线发生故障；测量第 3 根导线的电压是否为蓄电池电压，否则为该线至蓄电池之间电路发生故障。

2）连接继电器插接器，打开起动开关，用万用表 20V 直流电压档测量第 2 根导线，即压缩机供电线电压应为蓄电池电压，否则继电器损坏。

2. 执行器的检测

（1）压缩机电动机 V66 的检测　压缩机电动机 V66 仅看两根导线，分别为压缩机电动机的搭铁线和供电线。检测时，断开电机插接器，其操作步骤如下：

1）测量电动机绕组的电阻值。电阻值应在标准值范围内，否则为电动机损坏。

2）打开起动开关，用万用表直流 20V 电压档测量供电线电压。电压值应在标准值范围内，否则检查压缩机继电器。

3）关闭起动开关，用万用表电阻档测量电动机搭铁线搭铁是否良好，否则为该电路发生故障。

（2）减振器调节阀 N336 的检测　在减振器调节阀 N336 的电路中，2 根导线均与电控单元 J197 相连，分别为电源线（红色）、信号线（绿色）和搭铁线（棕色）。检测时，断开调节阀插接器，其操作步骤如下：

1）测量调节阀线圈的电阻值。电阻值应在标准值范围内，否则调节阀损坏。

2）打开起动开关，模拟调节阀工作条件，用万用表 20V 交流电压档测量信号线与搭铁线之间的电压。

电压值应在标准值范围内，否则为电控单元 J197 发生故障或调节阀与电控单元 J197 之间导线发生故障。

（3）减振支柱阀 N148 的检测　在减振支柱阀 N148 的电路中，2 根导线均与电控单元 J197 相连，分别为电源线（红色）和信号线（绿色）。检测时，断开支柱阀插接器，其操作步骤如下：

1）测量支柱阀线圈的电阻值，电阻值应在标准值范围内，否则支柱阀损坏。

2）打开起动开关，用万用表 20V 电压档测量电源线电压。电压值应在标准值范围内，否则为电控单元 J197 发生故障或调节阀与电控单元 J197 之间导线发生故障。

3）打开起动开关，模拟支柱阀工作条件，用万用表 20V 交流电压档测量信号线与搭铁之间的电压变化。电压值应在标准值范围内，否则为电控单元 J197 发生故障或调节阀与电控单元 J197 之间导线发生故障。

（4）排气阀 N111 的检测　在排气阀 N111 的电路中，2 根导线均与电控单元 J197 相连，分别为信号线（绿色）和搭铁线（棕色）。检测时，断开排气阀插接器，其操作步骤如下：

1）测量排气阀线圈的电阻值。电阻值应在标准值范围内，否则排气阀损坏。

2）打开起动开关，模拟排气阀工作条件，用万用表 20V 电压档测量信号线与搭铁线之间的电压。电压值应在标准值范围内，否则为电控单元 J197 发生故障或排气阀与电控单元 J197 之间导线发生故障。

3. 空气弹簧压力不足故障诊断

（1）漏气检测　首先用 VAS 5054A 诊断设备检测，故障码所表示的故障内容为"系统检测到漏气（偶发）"。接下来清除故障码，使空气悬架系统工作。将车辆在水平地面上停放 2h 后，如果车身高度没有下降，说明空气悬架的空气减振器没有漏气。

（2）气泵检测　通过数据流测试气泵的工作情况，并进行数据分析。通过车身高度匹配发现，气泵的充气压力应达到 1.6MPa 以上。如果不能达到，说明存在以下可能：

1）系统漏气。

2）气泵存在故障。

一、线控悬架的延展

除了常规的底盘支持和减振作用外，线控悬架因其具有较好的负载适应性和很低的固有频率，已延展到了货车的驾驶室，大幅提高了长途驾驶舒适性和抗疲劳性。

货车驾驶室空气弹簧是安装在货车驾驶室上部的一种悬架结构，它的主要功能是提供驾驶人的舒适性和安全性。

货车驾驶室空气弹簧的主要功能是通过空气的压缩和释放来调节驾驶室的悬架高度，以减轻驾驶人在行驶过程中的颠簸感受。由于货车在道路上行驶时会受到颠簸和振动的影响，驾驶室空气弹簧能够有效减轻这些振动，保护驾驶人的身体健康。

货车驾驶室空气弹簧的工作原理是利用空气压缩和释放的原理来调节驾驶室的悬架高度。通常情况下，驾驶人可以通过控制面板上的按钮来调节弹簧的硬度和高度，以满足不同路况下的驾驶需求。当遇到路面不平或颠簸时，空气弹簧可以自动调节弹簧的硬度，减轻驾驶人的颠簸感受，使驾驶更加稳定和舒适。

货车驾驶室空气弹簧的维护非常重要。首先，应定期检查和清洁弹簧系统，确保没有异物进入其中，以避免影响弹簧的正常工作。其次，注意观察弹簧系统是否有漏气的现象，如果发现漏气，需要及时修理或更换。同时，定期检查面板上的控制按钮是否正常工作，如果有问题需要及时修理或更换。此外，检查弹簧系统的连接件是否松动，需要及时拧紧。最后，定期润滑弹簧系统的活动部件，以确保其灵活性和正常工作。

二、悬架调校的流程

整车悬架调校需要借助计算机悬架仿真的结果，首先确定调校所需要硬件的大致范围，这个范围内的悬架硬件就称为调校库，同时利用先进驾驶模拟器，在原型车还未落地前就开始一轮调校，确定调校库的合理性，为实车调校做准备。

在拿到原型车后，会收到来自供应商不同硬度的弹簧、不同粗细的稳定杆和不同硬度的衬套。先按照悬架仿真出的基准结果把硬件进行装车，随后根据经验把硬件进行微调，从而获得超越纯计算机设计状态的操控性与舒适性。

悬架调校是一个牵一发而动全身的过程，例如当更换了更硬弹簧，可能就要同时更换更细的稳定杆，所以整个过程并不是点对点逐个"击破"那么简单的。

一个完整的悬架调校流程包含轮胎选型、刚度匹配、减振器调校和转向调校。由于测试车有好几个阶段，并且其他部门和功能块所做的变更对悬架性能也有影响，所以这几个步骤要随着开发的推进重复3~4次。一套流程（也就是一轮悬架调校）一般要持续3~4个月。

1. 轮胎选型

轮胎作为汽车与地面之间的唯一媒介，对于整车的操控性与舒适性是至关重要的。目前主流的汽车厂商都会要求轮胎供应商为自己的车型单独进行轮胎开发。

在选型开始时，供应商会提供几个外表规格看似一模一样但内部结构或胶料配方略有不同的轮胎，需从中选出最好的一个。下一轮调校开始前的几个月中，轮胎供应商会对轮胎进行改进，再下一轮开始时又会带来几个外表一模一样的胎进行选型。随着每一轮调校的悬架越调越细致，轮胎的性能会随着接近量产的状态进行挑选。

2. 刚度匹配

刚度匹配就是弹簧、稳定杆、衬套等悬架弹性元件的选择，涉及的知识点与取舍在前面的篇幅已做过介绍。最终的目的是为减振器调校打基础。这部分工作通常要持续1个月左右的时间，也需要进行2~3轮的迭代。

3. 减振器调校

减振器的调校是通过改变阀与活塞来控制油液的流动产生阻力，从而改变车辆的动态性能。每次变更都需要拆装减振器并把减振器打开进行阀片的组装，再加上评价的时间，每天最多只能试5组减振器，调校减振器的过程一轮通常要持续1个月左右。

CDC电控阻尼的调校是在减振器硬件调校结束之后开始的，CDC的调校全程不用拆装，只需要用计算机修改减振器内电磁阀的工作逻辑。一个好的减振器硬件调校是CDC调校的基础。

4. 转向调校

当今绝大多数汽车厂商都使用了电子助力转向，通过电动机驱动齿轮齿条产生助力，但这个电动机产生助力的方式是可以进行细致调校的，同时对转向的手感和驾驶信心至关重要。

任务评价

基本信息	姓名		学号		班级		组别	
	角色							
	规定时间		完成时间		考核日期		总评成绩	
考核内容	序号	步骤		完成情况		标准分	评分	
				完成	未完成			
	1	传感器的检测						
	2	执行器的检测						
	3	空气弹簧压力不足故障诊断						
7S管理（整理、整顿、清扫、清洁、素养、安全、节约）								
团队协作								
沟通表达								
工单填写								
教师评语								

参考文献

[1] 朱升高.汽车智能技术与应用[M].北京：机械工业出版社，2022.

[2] 李东兵，杨连福.智能网联汽车底盘线控系统装调与检修[M].北京：机械工业出版社，2021.

[3] 何仁基，周志雄，叶放郎.智能汽车线控底盘构造与维修[M].天津：天津科学技术出版社，2021.

[4] 王希珂，詹海庭.智能网联汽车底盘线控执行系统安装与调试[M].北京：机械工业出版社，2022.

[5] 李亮，王翔宇，程硕，等.汽车底盘线控与动力学域控制技术[J].汽车安全与节能学报，2020，11（2）：143-160.

[6] 李凡，朱礼贵.汽车底盘构造与原理[M].北京：机械工业出版社，2023.

[7] 宋延东，徐煌.新能源汽车底盘技术[M].北京：机械工业出版社，2023.

175